青少年社交高手

做一个会说话懂交际情商高的孩子

兰心——著

中国妇女出版社

图书在版编目（CIP）数据

青少年社交高手 ：做一个会说话懂交际情商高的孩子 / 兰心著. -- 北京 ：中国妇女出版社，2023.1（2025.9 重印）
ISBN 978-7-5127-2189-0

Ⅰ. ①青… Ⅱ. ①兰… Ⅲ. ①人际关系－青少年读物 Ⅳ. ①C912.11-49

中国版本图书馆CIP数据核字（2022）第191211号

选题策划： 王海峰
责任编辑： 王海峰
责任印制： 李志国

出版发行： 中国妇女出版社
地　　址： 北京市东城区史家胡同甲24号　　邮政编码：100010
电　　话： （010）65133160（发行部）　　65133161（邮购）
网　　址： www.womenbooks.cn
邮　　箱： zgfncbs@womenbooks.cn
法律顾问： 北京市道可特律师事务所
经　　销： 各地新华书店
印　　刷： 北京通州皇家印刷厂

开　　本： 150mm×215mm　1/16
印　　张： 14.25
字　　数： 100千字
版　　次： 2023年1月第1版　　2025年9月第10次印刷
定　　价： 49.80元

自　序
PREFACE

亲爱的青少年朋友，大家好！当你翻开这本书，改变即将发生，希望大家做好准备——迎接一个会说话、懂交际和情商高的自己！

我是兰心老师，在你开始阅读前，我们先来认识一下吧！我是一名教育工作者，也是一个 13 岁男孩的妈妈。

从 2008 年到 2022 年的 14 年里，我曾陪伴数千名家长和孩子成长，其中有小学生、中学生，也有大学生。我们曾一起在教室里学习，也曾一起用脚步丈量世界。比如，我们一起去美国、英国、法国、德国、新加坡等 10 多个国家游历，一起到哈佛大学、斯坦福大学、牛津大学、剑桥大学等世界名校参观、学习。再比如，我们一起吃住在很多外国友人的家中，和当地的孩子一起在学校里上课、交流，体验当地的风土人情。

在开阔眼界、增长见识的同时，我和大家畅所欲言、无话不谈。在越来越多地了解和参与了那么多孩子的生活和成长后，我有很多感触和想法。

很多时候，我既开心又担心。开心的是，每次看到他们我都会感受到希望和力量，和他们在一起我每天都感觉朝气蓬勃。担心的是，生活里出现了越来越多的人际交往时，越来越多的事情需要应对时，他们中的很多人似乎不知道该做些什么。他们会害怕、烦恼、焦虑，甚至会发脾气。更有甚者会选择逃避，因为不敢面对。

我想知道，正在读这本书的你是不是也会出现这样的情况。

日常生活中，我们每天面对的人无非是我们的爸爸、妈妈、老师、同学、亲戚、朋友，以及一些不熟悉的或者完全陌生的人。很多时候，我们需要与别人沟通、交流和合作，比如，向他们表达我们的想法或寻求帮助。这个过程可能很顺利，也可能出现各种各样的问题，甚至矛盾和冲突。无论想不想，愿不愿意，我们都要自己去面对。

在这本书里，我想和大家分享一些有趣的社交故事和简单实用的社交方法。我想帮助大家提升社交能力，轻松从容地面对身边的人和事，从而充分发挥自己的能力和价值，收获更多自信。实际上，这也是我们提升社交能力的意义和目的。

我想告诉大家的是，拥有良好的社交能力并不难，通过学习和训练可以实现。在书中，我从生活里大家最熟悉的人入手，通过 33 个场景和主题，带领大家感受和体验如何说话，如何与人交际等。我将用最简单的语言告诉大家应该如何去做，书里的方法一步一步、简单清晰、实用可行。我相信大家在认真阅读过后就会明白自己应该如何应对现实生活中的各种人际交往了。

为了让大家这趟提升自我之旅更加顺畅，在开启每一个练习之前，我希望大家可以问自己一些问题。

比如：“一个真正会说话、懂交际、情商高的人究竟是什么样子？成为这样一个人之后，我会有怎样的感受？当我变得如此优秀，我身边的人会如何看待我？”想象成功后的画面，可以给自己很多的信心和动力，所以这样的问题一定要好好思考一下。

比如：“学到了书里的这些方法，我应该如何开始行动呢？”这个问题也很重要。很多人懂很多道理，但依然不知道怎么做，原因是缺乏行动！所以回答这个问题最好的方式就是好好规划一下自己的行动方案！想都是问题，做全是办法！

比如：“如果我在尝试中遇到困难或者失败了该怎么

办呢？”想清楚这个问题可以帮助你更好地坚持自己的行动。困难和失败都有可能发生，它们是很多失败者的拦路虎，也是很多成功者的垫脚石。通过思考和回答这样的问题，我们可以提前做很多预案，以应对各种突发事件。我们要知道，很多事情不是一下子做成的，而是通过反复的尝试和坚持不懈的行动才做成的！所以，不要轻易放弃，要不断尝试，你一定可以做到！

当然，大家也可以找信任的人寻求帮助。我十分欢迎大家将自己的困难和问题反馈给我。我是一名亲子教练，大家可以带着自己的想法和我直接沟通，也可以把自己在社交方面遇到的其他困扰和疑问告诉我。我的邮箱是 lanxinyolanda@163.com，我的个人微信号是 lanxinyolanda。

我还要提醒一点，一定要相信自己是可以做到的！无论现在的你处于什么样的境况，对于自己的评价如何，都要给自己充分的信心！做好自己是做好一切的基础！我在本书第4部分，特别安排了“如何让自己变得更好”这个主题，这是我们和别人有效交往的前提和核心。

最后，我想感谢家人、朋友对我的支持，我的爱人黄贝贝和儿子黄皓宇更是给了我无条件的支持和信任。我还要特别感谢给予我信任和支持的很多家长和孩子。

孩子们，现在就开启自己的阅读之旅吧！我期待看到大家的成长，也期待大家能把书里的故事和方法分享给每一个有需要的孩子！

相信每一个认真阅读本书和勇于实践的孩子都能成为一个会说话、懂交际、情商高的人！

兰心

2022年10月

目　录
CONTENTS

PART 1 如何与爸爸妈妈相处

PART 2 如何结交朋友

PART 3 如何与同学相处

PART 4 如何让自己变得更好

PART 5 如何做一个受欢迎的人

PART 1

如何与爸爸妈妈相处

第 1 课

妈妈总是唠叨我，我该怎么办

放假是很多小朋友最开心的事儿了，但每次放假时 9 岁的小丽都开心不起来。她总是这样想："如果我放假的时候妈妈不放假就好了，那样我就可以清静一些……"这是为什么呢？原来妈妈总是不停地唠叨她。妈妈的唠叨声每天都在她耳边响起，更别提放假的时候了。比如：

"你怎么总是拖拖拉拉的，赶快开始写作业呀！"

"你看张阿姨家的轩轩这次考试又是第一，你也要多努力呀！"

“你的房间怎么总是乱七八糟，你就不能收拾一下吗？”

“你能听话吗？你能让我省点儿心吗？妈妈工作一天也很累呀！”

“你能不能快一点儿，再晚我们就不要出门了！”

“我跟你说多少遍了，你怎么就是记不住呢？”

……

妈妈每天的唠叨让小丽很烦，也很不开心，她反而更做不好事情。有时候小丽甚至会故意和妈妈对着干，妈妈想让她把什么事情做好，她就故意拖拖拉拉，或故意做不好。结果，妈妈更生气，会有更多的唠叨。如此，她们之间形成了恶性循环。那小丽究竟该怎么办呢？

孩子，你有类似的苦恼吗？遇到这种情况，我们应该怎么办呢？

其实，这个时候，最好的解决方法就是和妈妈好好沟通一下，不妨试试下面的方法。

第一，找一个妈妈不太忙的时间和她沟通

你可以告诉妈妈你有话说，想和她坐下来好好谈一谈，问问她是不是有时间听。如果妈妈当下有时间就进行下一步，如果妈妈当下没时间就和她另约一个时间。

一般情况下，妈妈会接受你的建议，会很愿意和你沟通。即使当下没时间，她也会尽快安排时间，所以千万不要着急哦！

第二，正式沟通前简单铺垫一下

开始谈的时候，你可以先告诉妈妈你有很重要的事情想说，你说的都是你的真实感受和想法，如果哪里说得不对，请她多多包涵和指教。

这样，妈妈就容易心平气和地听你说话。

第三，务必真诚地告诉妈妈你的真实想法和感受

比如：“妈妈，当你说‘你怎么总是拖拖拉拉的，赶快开始写作业呀’的时候，我感觉很紧张，同时也感觉很委屈、很生气。我甚至觉得我在你眼里好像什么事情都做不好。我不拖拉的时候你看不到，我做得好的时候也没有得到你的表扬。这让我有点儿难过。如果你能少一点儿唠叨，对我多一点儿信任，相信我可以做好，多给我打气、加油，我会更加努力，也许能做得更好，有困难也更愿意找妈妈帮忙。妈妈，您觉得呢？”

对于其他的事情，沟通方式也是一样的！真诚地表达你的想法，妈妈肯定会认真听你说！

我要强调一点，和妈妈沟通时，尽量避免抱怨和发脾气，因为那样是帮不到你的，甚至有可能把事情弄得更糟糕。

第四，拿出行动计划和方案

为了让妈妈更相信你，你可以针对妈妈总是唠叨的事情提前准备一些行动计划和方案，如每日作息时间表、学习计划等。当然，你也要告诉妈妈你的行动和决心需要妈妈给予积极的支持和配合，妈妈一定会非常开心地接受。当妈妈看到你做得越来越好，自然会更加相信你，也就不会再唠叨你了。

孩子，你学会了吗？如果你能按照上面四个步骤去和妈妈沟通，相信一定会取得很好的效果。妈妈是这个世界上最爱我们的人，但她们中许多人都是第一次做妈妈，有时候表达爱的方式可能存在不合适的地方，这需要我们通过好好沟通去提醒她们。

知道怎么做了，就赶快行动起来吧！我还要提醒一点，任何人的改变都是需要一些时间的，请多给妈妈一些时间，一定要有耐心哦！

第 2 课

爸爸妈妈吵架了，我该怎么办

周六，不用早起的乐乐睡了一个美美的懒觉，睡醒起床前还伸了个大大的懒腰。乐乐想，今天是周末，我终于可以好好玩了！这时，他突然听到客厅传来了什么声音，他贴在自己卧室的门上听了一会儿，原来是爸爸妈妈在吵架。

妈妈说："每个周末都是我陪乐乐打球，今天你就不能陪一次吗？孩子也是需要爸爸陪伴的！"

爸爸说："我上个月不是也陪乐乐去打球了吗？我有时候工作太忙了，你怎么就不能体谅一下呢？如果

今天需要我去，你跟我好好说就行了呀！”

妈妈又说：“就你有工作吗？我也有工作呀！我是又顾工作又顾家，谁来体谅我呢？”

……

乐乐听了几句又回床上躺着了，他隐隐约约听见爸爸妈妈又吵了一会儿，他们好像还牵扯了一些其他事情。最后，妈妈回了房间，他们的争吵才停了下来。

乐乐一下子变得很不开心，他抱着膝盖坐在床上默默流眼泪，不知道该不该出去，以及出去了该做些什么。

孩子，你有没有遇到过这样的事情呀？每每这种时候，你可能会难过、害怕、自责、沮丧等，不知道该做什么。以下，是我给你的建议。

第一，你要明白，很多时候爸爸妈妈吵架并不是因为你的错

无论爸爸妈妈吵架时有没有提到你，你都不要因

此而自责。他们都是大人，有时会因为对于一些事情的看法不一致且彼此不能说服对方而发生争吵，他们有时候可能还会大发脾气，这都是很正常的事情。毕竟，人和人之间难免发生冲突，更何况朝夕相处的一家人。无论如何，请相信，他们都是很爱你的，所以不要过于担心。在他们争吵的时候，你可以选择不参与，不评价谁对谁错，自己先待一会儿，给他们一些时间。如果你心里不舒服，可做一些自己喜欢的事情转移一下注意力。

第二，等他们争吵过后，可以表达一下自己的关心

比如，你可以给妈妈倒杯水，抱抱她，这会给她温暖和能量。你也可以问问妈妈：“妈妈，我能为您做些什么吗？”你的理解和关心会让妈妈很快好起来。对爸爸也是一样。总之，你可以力所能及地帮助他们做些事情。当然，你如果没有什么能做的也没关系，

可以提醒他们好好休息一会儿，你可以自己玩或者写作业，告诉他们不用担心你。

第三，等他们平静下来后，找一个机会告诉他们你的感受

比如：“听到你们吵架的时候，我有点儿害怕和难过，不知道发生了什么事情。当然，我知道，大人吵架是一件很正常的事情。如果有什么是我能做的，我会很开心地去做。我希望爸爸妈妈以后有什么事情可以好好说，我相信你们一定会好好的。你们是我最爱的爸爸妈妈，我爱你们！”

我相信，爸爸妈妈听了你的话后肯定会试着调整自己的沟通方式，以后尽量不吵架。你可以做爸爸妈妈的“柔顺剂”，每当他们发生争吵的时候都可以这么做。我相信，有你的帮助，爸爸妈妈的关系会更加和谐！

第 3 课

爸爸妈妈总是打断我说话，我该怎么办

这天傍晚，我出门准备去公园散步，发现邻居家 11 岁的小君坐在单元门口闷闷不乐。我走上前去询问他发生了什么事，他边哭边向我讲述了他的委屈。

晚饭后，小君妈妈辅导他做作业时，发现有几道英语题他又做错了，便在旁边说：“类似的题前几天我不是给你讲过了吗？你怎么又做错了呀？”

小君觉得很委屈，这种类型的题是他的弱项，前几天他确实弄懂了，但这次的作业更换了考查的内容，

考查的不是他最近学习的内容，何况老师说尝试着做一下就行。

小君想解释给妈妈听，可刚说一句话就被妈妈打断了。妈妈甚至说他总是给自己做错题找理由，学习态度有问题，不认真也不努力。他听了很生气，就大声反驳道：“我没有找理由，也不是不努力。我说的都是实话，不信你可以问老师……”

妈妈听完更生气了，说：“你越大越不听话了，还学会跟妈妈顶嘴了。我以后不管你了！你自己随便吧！”妈妈说完就走了，小君自己在房间又生气又委屈。

不一会儿，爸爸回来了，到小君房间看他。小君想跟爸爸讲一遍刚才的事情，谁知还没说完就被爸爸打断了。爸爸说，你不用说那么多了，赶紧去跟妈妈道歉，让妈妈别生气了。小君觉得自己更委屈了，爸爸便说他不懂事。

于是，小君一气之下来到单元门口想透透气。他感觉特别憋屈，觉得自己就像个快要爆炸的气球。

小君讲完事情的经过后又哭了一会儿才慢慢平静下来。他说他不明白爸爸妈妈为什么不听他把话说完，总是打断他，这让他很郁闷。而且，他说自己已经是个大孩子了，爸爸妈妈总是不相信他，他做什么事情爸爸妈妈都限制他，这让他很苦恼。

我等小君感觉好一些后问他想不想解决问题，他点点头。我告诉他，等一会儿回家后可以主动找爸爸妈妈这样沟通。

第一，先承认自己做得不对的地方

比如："爸爸妈妈，我刚才不该冲你们大声喊，我做得不对。我仔细想了一下，我以后有话应该好好说。我觉得我应该跟你们好好沟通一下。我希望你们可以听我把话说完，如果有不认同的地方，等我说完之后，你们再问我。无论如何，请不要打断我，可以吗？"你合理的请求、真诚的表达，爸爸妈妈一般不会拒绝哦！即便有特殊情况，爸爸妈妈也会好好说话。

第二，心平气和地客观地描述事情经过

比如：“刚才我写作业的时候是这样的……”“妈妈说我的时候，我感觉有点儿委屈，所以才想解释一下。我可能没表述清楚，所以我们发生了争吵。”“现在我把事情说清楚了，如果你们有什么问题可以问我。”等等。

记住，给爸爸妈妈留出时间问问题是很不错的亲子沟通方法哦！

第三，感谢爸爸妈妈的陪伴和配合

比如：“你们能听我说完，没有打断我，这对我很重要。谢谢你们！”“妈妈工作那么忙还抽空辅导我写作业，谢谢妈妈！我一定会努力的，以后争取让你们省心！”

肯定爸爸妈妈的付出，他们会很感动，也会更信任你。

第四，提出自己的想法，争取爸爸妈妈的认可

比如：“我已经是六年级的学生了，可以自己完成作业。爸爸妈妈工作也很辛苦，不用一直陪着我，有什么问题我会记下来，等你们有空再请教你们。你们下班回来要好好休息，等我写完作业帮助我检查一下有没有需要修改的地方就好了。这样你们也可以轻松一点儿。如果你们同意的话，我们从明天开始试试看怎么样？”沟通时有理有据、亲和有礼，很容易得到对方的认可！

听我讲完第一点的时候，小君还有点儿不太愿意，他不承认自己有做得不对的地方，他觉得自己并没有错。听我讲完所有话后，他有点儿犹豫，不知道这样的沟通是不是真的有用，但还是决定试一试。之后，他就回家了。

第二天一回到家，小君就非常兴奋地敲我家的门，迫不及待地跟我分享昨晚和爸爸妈妈沟通的结果。他说爸爸妈妈不但认真听他把话说完了，完全没有打断

他，还跟他道歉了！更重要的是，他们还接受了他的建议，从今天开始就让他自己写作业。

小君感觉很开心，真诚地感谢了我。我也为他感到开心，并提醒他接下来一定要认认真真把事情做好，这样才能让爸爸妈妈真正相信他。他笑着说“知道”，还说：“如果再遇到类似的事，我还会用这个沟通方法。我一定可以解决所有问题！”

孩子们，这么有用的4步沟通法，你们也可以好好利用。以后不管遇到什么事，请和爸爸妈妈好好地沟通哦！

第 4 课

爸爸妈妈总批评我，我该怎么办

班主任通知全班同学下周要开家长会，凡凡听后一直忧心忡忡，情绪也变得很低落。

同桌丹丹看在了眼里，下课后就问他发生了什么事情。

凡凡沮丧地说："我爸爸妈妈平时总批评我，还总拿我和班里其他同学比较。他们来参加家长会对我来讲肯定又是一场灾难。我都能想象到他们会怎么数落我，比如成绩不突出、其他方面也不优秀、和其他同学差得很远、什么也做不好等。他们这下又有批评我的机会了，一想到这些我就觉得好烦。"

听到凡凡的话，丹丹有点儿同情地说："这听起来确实不是什么好事！那你爸爸妈妈肯定也表扬过你吧，你多做点儿他们喜欢的事情呗！"

凡凡听了之后更难过了，他说："他们偶尔也表扬我，但他们总是希望我做得更好。比如，我考了95分，他们会说：'这次你考得还不错，但离100分还有距离，你要继续努力。'我字写得很整齐，他们会说：'你字写得挺好的，但你要是都能写对就更好了。'反正，他们就是永远都不满足。"

丹丹听了也觉得有点儿难过，安慰凡凡说："很多爸爸妈妈都是这样的，你习惯就好了。"

孩子，你遇到过类似的情况吗？如果爸爸妈妈总批评你，你应该如何和他们交流呢？

下面这3点，我建议大家尝试一下。

第一，告诉爸爸妈妈你的感受

总是被批评的你有什么感受呢？你总是被批评会导致什么样的结果呢？这些都可以等爸爸妈妈不忙的时候告诉他们。

要注意，沟通时间的选择很重要。最好在爸爸妈妈情绪比较平和及时间比较充裕的时候和他们沟通，这样更有利于沟通的顺利进行。当然，提前做好准备也有助于你更加清楚地表达。

对于凡凡，他可以这样表达："爸爸妈妈，我知道你们都很爱我，很关心我。但每次你们批评我之后，我都感觉很沮丧、难过、害怕……我甚至会觉得自己什么都做不好，就像一个大笨蛋。我让你们失望了。其实，我也不想惹你们生气。我越这样想，越做不好事情。这让我感觉很痛苦，不知道该怎么办才好。"

需要注意的是，这时只描述自己的感受就好了，不要指责爸爸妈妈，不要和他们吵架。毕竟，我们要为接下来的沟通营造良好的氛围。

第二，告诉爸爸妈妈你的想法

对于经常会惹爸爸妈妈生气的事情，你可以做一下分类，比如哪些你觉得是对的、哪些是你不认同的、哪些是你有疑问的等。然后，可以分别表达。

对于你觉得他们说得对的事情，如按时完成作业、保持房间整洁等，你可以思考一下自己如何才能做到、做好。

对于你不认同的事情，你可以告诉他们你的理由和想法。

对于你有疑问的事情，你可以提出来并询问清楚，直至与爸爸妈妈达成共识。

如果你能有理有据地沟通，爸爸妈妈会看到你有能力做好自己的事情。由此，你将获得他们的信任和认可。

当然，你考虑得不周到的地方，也要接受他们的指导。毕竟，你们的目标是一致的，都是为了把事情做好。

第三，告诉爸爸妈妈你想要的支持

既然你不想爸爸妈妈一直批评你，那你想要的支持是什么呢？这也要提前想清楚，你可以问问自己：“爸爸妈妈怎样做才有助于我把事情做好呢？”

那么，你想得到的支持是什么呢？可能是肯定的言语，比如表扬（而且表扬后没有“但是”或者更高的要求）；可能是信任，可以告诉他们，他们对你的信任很重要，可以让你更加自信和坚定地去做事情；可能是不拿你和别人做比较，你可以告诉他们，你会做好自己，但可能和别人不一样；可能是时间和空间，可以要求他们给你充足的时间和空间去解决问题；可能是用指导代替批评，可以要求他们提出你没有想到的做事方法，从而助你把事情做好；等等。

总之，你有什么想法都可以告诉爸爸妈妈。需要注意的是，要真诚表达，并且要相信他们会支持你。

你若能这样沟通，爸爸妈妈肯定会对你刮目相看，也会思考和你相处的方式。

在这里，我还想提醒一点，爸爸妈妈成长的背景和我们是不同的，他们接受的教育及处理问题的方法也和我们不同，这是很正常的。有时候他们的表达方式可能是无意识的，他们并没有意识到会对我们造成影响和伤害。

所以，真诚、清楚地和他们进行沟通是很重要的，这也是有效解决问题的方式。你学会了吗？

第 5 课

爸爸总是没时间陪我，是不是不爱我

莹莹的爸爸总是很忙，经常在她早上起床前就离开家上班去了，且在她晚上睡觉前还回不来。莹莹的爸爸还经常出差，莹莹总见不着他。好不容易和莹莹待在一起的时候，他也总有忙不完的工作、接不完的电话，根本没时间陪莹莹玩。在过各种节日或者过生日的时候，莹莹也很少见到爸爸，只能收到一份来自爸爸的礼物，她甚至觉得礼物不是爸爸准备的。妈妈总说，爸爸为了赚钱养家每天都在努力工作，所以他忙是正常的，等爸爸以后有时间了就能多陪伴莹莹了。这件事情让莹莹很苦恼，她虽然理解妈妈说的话，

但她还是忍不住会胡思乱想，比如，爸爸是不是不爱我？我是不是做得不够好？等等。

我能理解莹莹的心情，每个人成长的过程中都需要爸爸妈妈的陪伴。陪伴孩子长大，也是所有爸爸妈妈的愿望，只是生活中常有各种各样的原因使大家无法如愿以偿。这些原因可能有客观上的身不由己，也可能有主观上的没有意识。

我们可以从以下 3 点入手调整自己，让自己更好地应对这样的情况。

第一，变被动为主动

在莹莹的故事里，我们看到了一个忙碌的爸爸和一个需要陪伴的女儿。莹莹一直在等待爸爸的陪伴，这是我们常见的一种方式，却是比较被动的方式。在这种情况下，有没有时间陪伴莹莹取决于爸爸。其实，还有一种方式，那就是主动出击。莹莹虽然很少见到爸爸，但可以创造机会和爸爸沟通、交流，如可以通过写信把自己想说的话告诉爸爸，把自己的想法和需要表达出来。比如：“亲爱的爸爸，我已经有3天没看见你了，很想你。如果你明天下班后有时间陪我玩一会儿的话，我会非常开心。如果你没有时间，咱们可以再约其他时间。你再忙也要注意身体。爱你的莹莹。”相信接收到这些信息的爸爸会明白莹莹的需求，也能感受到她的关心和爱，而莹莹也很可能因此得到爸爸精心的陪伴。

第二，及时表达内心的感受

由于长时间没有得到想要的陪伴，我们可能会产生很多猜测和想法。就像莹莹一样，我们可能会担心爸爸是不是不爱我们，甚至因此产生沮丧、害怕等情绪。在这种情况下，一定要及时和爸爸妈妈或者自己信赖的成年人沟通。这样做可让我们及时表达内心的感受。这也是一种发泄的方式，可以抑制不良感受的持续积累，从而让我们的心理得到及时疏导，避免对身心造成不良影响。这个过程中，我们可以听到别人的想法和建议，从而可以多拥有一种思考问题的方式，更可能找到解决问题的方法。

第三，把想要的陪伴内容写下来

爸爸妈妈若有时间陪你，你最想和他们一起做些什么事情呢？可以把自己的想法记录下来，比如去户外野餐、到公园散步、去游乐场游玩、吃一顿大餐、一起玩游戏、一起读书、一起打扫卫生、一起逛商场等。我们也可以更加具体地把想和爸爸妈妈一起做的事情写下来，分享给他们。他们也许会根据自己的时间选择陪伴我们的方式。当一切变得更加清楚和具体，我们达成目标的概率就更高了！

这 3 点是不是很简单？可以行动起来看看效果！我相信，通过努力，你将有更多机会和爸爸妈妈一起做你想做的事情。由此，你一定会得到想要的陪伴，会感受到爸爸妈妈对你的爱！

第 6 课

妈妈冲我发脾气的时候，我该怎么办

最近，小雅觉得妈妈变得越来越凶了，经常发脾气。昨天，放学回家后，她多看了一会儿电视，晚写了一会儿作业，妈妈就很生气。今天，她没有打扫房间，妈妈又批评了她。她顶了几句嘴，妈妈便大发脾气，对着她大声吼叫。实际上，类似的事情最近时常发生。

小雅不知道妈妈到底怎么了，她有点儿害怕，每天都十分烦躁，上完一天的课特别累，回到家还要面

对不知为什么动不动就会发脾气的妈妈。她每天都想躲着妈妈，不愿意多和她说话，干什么都是敷衍了事。即便如此，她还是无法避免妈妈的怒气。她该怎么办呢?

很多孩子遇到这样的情况时特别容易烦躁，不知该怎么办。别着急，我们一起来看看如何应对这样的情况。

第一，尝试先让自己平静下来

在感到烦躁、生气、着急的时候，我们是没有办法冷静思考或者用合适的方式处理任何事情的。

每每这时，可以尝试先让自己平静下来，比如可以先回自己的房间，就像按下一个暂停键一样，给自己一些空间、时间，让自己冷静一下。之后，可以通过深呼吸或者闭目养神的方式让自己放松，等自己平静下来后再思考下一步怎么办。

第二，分析、总结一下妈妈发脾气的原因

平静状态下，回忆一下妈妈都会因为哪些事情发脾气，并一条一条记录下来，然后分析、总结一下它们之间的共同点，这样可以让我们清楚我们的哪些问题最容易惹妈妈生气，比如学习习惯方面的问题、生活自理方面的问题、沟通交流方面的问题等。

先找到问题所在，才能对症下药，也才能有针对性地解决问题。

注意，分析、总结过程中要尽量客观，要搞清楚哪些确实是自己做得不好，应该调整；哪些不是自己的问题导致的，需要进一步沟通和求助；哪些是自己有疑问且搞不明白的；等等。

记录的过程也是一种释放，写出来就意味着我们不会在心里生闷气，同时清晰的思路也会为我们以后解决问题奠定基础。

第三，客观看待妈妈发脾气这件事

发脾气是一种表达情绪的方式。通常，感到生气、失望、着急的时候，我们都会生气。每个人都会产生负面情绪，这是正常的，只是每个人的处理方法不一样。我们需要正确地看待这件事。面对发脾气的人，我们可以换位思考，尝试去理解对方。小雅的妈妈可能是因为上了一天班，非常劳累，回到家和小雅交流时没有精力和耐心，于是用发脾气的方式表达自己的负面情绪。这种方式虽然不对，但妈妈还是妈妈，这一点并不会改变。你若能换个角度去看待这件事情及妈妈情绪背后的需要，可能会有不同的理解和应对方式。

第四，共同讨论解决方案

做完前三步，你会有不一样的感受，能带着平静的心态和清晰的思路跟妈妈一起讨论解决方案。当然，表达一下对妈妈的关心和自己做得不好的地方是很有必要的。如：“妈妈，我知道您上了一天班很辛苦，回来看到我没把事情做好肯定会生气。但您大声跟我说话或者冲我发脾气的时候，我有些害怕和烦躁，反而更做不好事情。如果您可以用一种平静的方式和我沟通，我更容易理解和接受，并会努力调整自己的行为方式。”妈妈听完后肯定会平静下来，与你一起沟通和解决问题。这时候，你之前分析、总结时遇到的不清楚的问题或委屈的感受便可以说给妈妈听，并和妈妈一起讨论。

记住！尽量不要抱怨，不要着急，你们一定可以在互相理解的基础上了解彼此的需求，从而找到双方都认可的解决方式。

第 7 课

如何与爸爸妈妈成为好朋友

13 岁的皓宇已经进入青春期，他身边的很多同龄的孩子和爸爸妈妈相处时遇到了很多问题，如不能好好沟通、无法理解彼此、经常发生争执等。

一天，当大家拉着皓宇一起“吐槽”爸爸妈妈的时候，他笑嘻嘻地说：“我很理解你们，但逐渐长大的我们也可以和爸爸妈妈做朋友，如果我们真想的话。我和爸爸妈妈关系就很好，他们都是我的好朋友。我们也会有意见不同和争吵的时候，但我们总能找到双方都能接受的解决问题的方式。毕竟，爸爸妈妈是我

2102

最爱的人，当然他们也是最爱我的人。”

皓宇的发言引起了大家的兴趣，大家纷纷表示想听听他的经验之谈。毕竟，如果可以的话，谁不想和爸爸妈妈做朋友呢？

皓宇分享了 4 点心得，引发了小伙伴们的思考和共鸣。

第一，花点儿时间了解一下爸爸妈妈

你了解你的爸爸妈妈吗？比如，他们是做什么工作的？他们喜欢自己的工作吗？他们有什么喜好吗？他们有什么需要吗？他们有什么烦恼吗？等等。就像你会花时间去了解你的好朋友一样，也试着了解一下自己的爸爸妈妈吧！你可能会有很多意外的收获。

对于和你朝夕相处的爸爸妈妈，更多地了解他们是营造良好亲子关系的基础和铺垫。

第二，及时表达，主动沟通

爸爸妈妈成长的时代和我们生活的时代有区别，因此他们看问题的方式和我们也是不一样的。这是一件很正常的事情。因此，我们和爸爸妈妈相处时肯定会遭遇很多问题。你和好朋友相处时是不是也会出现一样的情况？那你又是怎么做的呢？当和好朋友意见不一致的时候，你是不是会及时表达自己的想法，并能以开放的态度去沟通呢？和爸爸妈妈沟通也一样，无论有什么矛盾，他们都是乐于和我们沟通的，请相信这一点。

爱是共同的语言。及时表达和主动沟通会消除亲子间的很多误会，让爱流动起来，亲子关系自然也会越来越好。尤其在你觉得不被理解的时候，请大胆表达你的想法和感受，这样可给爸爸妈妈一个真正理解和支持你的机会，你们可能因此拥有和谐、健康的亲子关系。当然，对于爸爸妈妈做得好的地方，也不要吝啬你的赞美和欣赏哦！

第三，高质量的双向陪伴和照顾

一般来讲，爸爸妈妈工作再忙也会抽时间陪伴和照顾我们。其实，他们也非常需要我们。高质量的双向陪伴会拉近彼此的心理距离，比如一起旅行、一起运动、一起阅读、一起讨论人生、一起闲聊等。

想一想，这些画面是不是很美好呀？我们还可以力所能及地为他们做些事情，如他们下班后给他们倒杯水、他们做家务时搭把手、发生争执后主动说一句“对不起”等。若能以这样美好的方式相处，和他们的关系不好都难吧？

第四，相互包容，共同成长

很多爸爸妈妈都是第一次做家长“这份工作”，之前并没有“工作经验”，几乎每天都在理论联系实践的过程中摸索，基本不可能将每件事都做到最好。作为父母，虽然他们对我们有养育责任和义务，但千万不要把他们的付出看成理所应当。多一分理解和包容，和他们一起学习、成长，才是建立健康、和谐亲子关系的关键。

孩子，无论你现在处于哪个年龄段，无论你现在和爸爸妈妈关系如何，上面充满爱的亲子沟通方式都值得你去尝试。从今天开始，从此刻开始，从你力所能及的每一件小事开始，试着去和爸爸妈妈做好朋友吧！你一定会受益一生的！

PART 2

如何结交朋友

第 8 课

和好朋友吵架了，我该怎么办

安迪最好的朋友亮亮，是一个多才多艺的大男生。亮亮山水画画得惟妙惟肖，钢琴也达到了 10 级水平。此外，亮亮学习成绩很好，英语说得超级流利，还很擅长运动。安迪经常和亮亮一起相约打篮球，两个人志同道合，从二年级到六年级都是彼此最好的朋友，还约好要上同一所初中。总之，他们两个人好得跟一个人一样。安迪从来没想过有一天会和亮亮吵架。

这天，亮亮把和爸爸一起拼了好几天才拼好的乐高带到了学校。爸爸工作忙，很少有时间陪他，好不容易才抽出时间和他一起拼好了这个作品。亮亮特别开心，所以就偷偷带到学校，趁着课间休息给安迪看。

这是一个森林伐木机的造型，很精致。伐木机前面用于伐木的锯齿和两个像轮轴一样的装置让安迪非常好奇，他就想拿到自己跟前好好看看。可是，因为要上课了，亮亮就说先收起来吧！安迪边说“没关系”，边伸手去抓。亮亮下意识地躲了一下并说“不行”，结果没站稳，他手里的造型撞到了旁边的柜子，瞬间变为一堆零件，散落了一地。安迪一下就慌了，赶紧道歉，并蹲下身子帮忙捡。亮亮的脸憋得通红，大喊“你干什么呀！”，然后也蹲下赶快捡。同学们有帮忙的，也有起哄的。

这时，班主任张老师正好走进了教室。学校规定，上学期间是不允许带玩具到学校的，亮亮因此被罚写检查。这是亮亮第一次被罚，委屈的眼泪在他眼眶里直打转。

放学后，安迪找到亮亮，想哄哄他。亮亮很生气地躲到了一边。安迪因此也有点儿不高兴，心想都跟

你道歉了，你还生气，真小气！于是，他便闷闷不乐地回家了。

好朋友间发生争吵或产生矛盾是正常的，但我们应好好处理，因为友情是需要经营和呵护的。在安迪和亮亮的故事里，我们知道亮亮生气，一方面是因为这个乐高对他而言很重要，另一方面是因为被老师罚让他很不开心。有些冲突不是简单的一句道歉就能解决的。若遇到这样的情况，请试着用以下方法和好朋友和解。

第一，换位思考，体谅对方

多站在对方的角度考虑问题，一切都将不一样。比如，可以问问自己到底发生了什么事情？对方是因为什么而生气？如果换作自己，会有什么想法呢？等等。也可以站在第三方的角度思考问题，如果这件事发生在别人身上，我们又会有什么感受呢？这样做可以让我们更客观地看待事情，更好地理解对方的感受。

第二，勇敢地承认错误

你可以面对面或者写一封信，向对方明确描述自己做的让对方感觉不舒服的地方以及对方可能有的感受，如：“那天，我不小心弄坏了你和你爸爸拼的乐高，你一定很伤心吧？而且，老师批评了你，你还写了检查。如果是我，我也一定会很生气的。所以，我非常抱歉，我伤害了你，对不起！”主动道歉是需要勇气的，这是难能可贵的品质。即便有时候我们可能只是犯了一点儿小错，也要主动承认错误。需要明确的是，我们主动道歉并不意味着所有事情都是我们的错，而是我们愿意承担责任。这也表明我们重视甚至珍惜和对方的关系，这是勇敢和有担当的表现。

第三，真诚地提出解决问题的办法

在我们认真反思和勇敢道歉的基础上，对方一定可以感受到我们的诚意。这时候，我们再提出解决问题的办法，对方可能更容易接受。比如：“我仔细思考了一下，如果你愿意，我可以和你一起修复乐高。我也会找班主任老师说明那天的情况。当然，如果你愿意告诉我怎么做会让你感觉好一些就更好了，我会尽力去做！希望你可以原谅我，希望咱俩可以和好如初。你是我最好的朋友，也是非常优秀的人！我很珍惜我们的友情！”

做完这 3 步，请耐心等待一下。我们需要明白，对方可能接受道歉，也可能不接受，这都是我们可能会面对的结果。然而，无论结果是什么，我们都应该这样做。犯了错勇于承担责任和解决问题是我们的事情，而对方接不接受、认不认可是对方的事情。

我们可以控制自己的行为，但无法左右别人的想法。做对的事情，并坦然接受一切结果，这是我们成长过程中必须经历的。

第 9 课

如何才能交到新朋友

今天，英语课的内容是写作，刘老师给出的主题是“介绍一下你最好的朋友”。

当刘老师问道：“Who is your best friend?”小睿大声地说：“我没有朋友，我是不是不用写了！”刘老师注意到小睿有点儿不开心，甚至还有些生气。

安顿好其他孩子后，刘老师把小睿带到一边问明情况后对他说：“小睿，那你心里有想交的朋友吗？”

小睿点点头，说：“但他不喜欢跟我玩儿，他有很多朋友。反正我也交不到朋友，没有就没有吧！我不写作文了。”

刘老师注意到小睿又生气又着急后安抚他说：“我知道你的想法了，但我觉得你会是个很棒的朋友呢！你现在先试着写一写那个你想交的朋友，下课后咱们俩讨论一下如何才能交到这个朋友，好吗？刘老师有很多好办法呢，咱们一起试一试，反正也没什么损失嘛！”

小睿眼睛一亮，点点头，然后就开始写作文。

下课后，刘老师找到小睿，首先表扬了他写的作文，然后让他具体说说这个“朋友”的情况。

原来，小睿想和体育委员泽泽交朋友。小睿说，泽泽是一个很阳光的男生，他喜欢踢足球，性格好，还很热心，总是乐于助人。有一次，全班排队，小睿一个人站在旁边，泽泽乐呵呵地拉他站到前面。别人不跟小睿一起玩的时候，泽泽也会照顾他。

总之，小睿特别想和泽泽成为好朋友，但泽泽有很多朋友，大家都喜欢他。小睿觉得自己没什么特长，

也不擅长运动，平时还爱着急、容易生气，大家都不喜欢和他玩，时间长了他就习惯一个人独来独往了。

从小睿的眼睛里，刘老师看到他特别渴望交朋友。于是，她分享了 4 个交朋友的小妙招。

第一，向擅长交朋友的人学习

找到你身边或者你认识的一个擅长交朋友的人，仔细观察他的特点，分析他受欢迎的原因，看看有哪些是我们可以学习借鉴的。

当然，每个人都有自己的个性和特点，但别人做得好的地方还是很值得我们学习和参考的。别人的经验是可以借鉴的。比如，小睿提到泽泽性格好、爱笑且乐于助人，这很可能都是他受欢迎、有很多好朋友的原因。观察到这些，我们就可以看看有哪些是自己可以做到的。比如，丽丽总会亲手折一些很有意思的桌面摆件送给同学，因此大家都愿意跟她玩儿。比如，强强每天一下课就带着大家一起玩游戏，如脑筋急转弯、笑话挑战等，大家都觉得他很有趣，总爱围着他转。我们也可以看看自己擅长什么，然后利用自己的长处和同学相处。

第二，事先了解一下你想结交的人

花点儿时间了解一下你想结交的新朋友，看看他喜欢做什么，平时有什么兴趣爱好。一般大家都喜欢和自己有相同爱好的人交朋友，因为这样可以一起做很多好玩的事情。我们也可以观察一下他的朋友都有什么特点。所谓“知己知彼，百战不殆”，这样我们和对方成为朋友的概率就会大大提高。

第三，找准机会，开始行动

前面两点做好了，我们就可以开始行动了。如何行动呢？有两种方式可以选择。一是找个机会直接告诉对方你对他有好感，并大方表示想和他交朋友，还可以具体说说你欣赏他身上哪些优点，想和他一起做哪些有意思的事情。二是直接从对方喜欢做的事情入手。比如，泽泽喜欢踢足球，小睿可以和他一起踢，也可以在他踢球的时候在旁边加油打气。如果能找到双方都喜欢做的事情，那就更好了。有时候可能需要多尝试几次，要有耐心和信心！

第四，做最好的自己

做好自己也可以帮我们结交到新朋友。比如，发现自己身上的闪光点并充分发挥，就可以吸引志同道合的朋友。举个例子，你英语学得很好，知道很多别人不知道的单词，口语表达也十分流利，在英语课上有更多展示自己的机会，在别人不会的时候常常耐心地予以帮助，这样时间长了就会有很多人想跟你交朋友了。当然，也要正确认识自己的缺点，并及时调整。比如，小睿容易着急、爱发脾气，很多想和他交朋友的人往往会望而却步。如果他慢慢改正这个缺点，让自己变得温和有礼，自然会有更多结交朋友的机会。

每个人一生中都会遇到各种各样的朋友，随着慢慢成长，我们会更加清楚什么样的朋友是真正适合自己的。珍惜并用心对待朋友，我们将拥有真正的友情。

第 10 课

朋友伤心难过的时候，我该怎么办

夏天和小敏是好朋友，平时经常一起上学，一起运动，一起参加社团活动。两个人有很多相同的兴趣爱好，同时还很了解彼此。

然而，这天夏天有点特别。小敏像往常一样去找夏天玩，夏天说不想玩，也不想说话。小敏还看见夏天偷偷抹眼泪。虽然小敏不知道发生了什么事情，但她知道夏天很难过，可一时又不知道该做些什么。是去安慰一下她，问问她发生了什么事情，还是做点儿令她开心的事情转移一下她的注意力？小敏一下子不

知道该怎么办才好。

孩子，你遇到过好朋友伤心难过的时候吗？这时候，我们能做些什么呢？以下 3 个小建议，希望可以帮助你。

第一，接纳对方的情绪并给予安静的陪伴

一个人伤心难过时，很多时候不愿意主动表达，可能会哭泣甚至发脾气。我们首先要给予对方的支持是接受他的情绪，可以安静地在对方身边陪伴。不要急于询问对方情绪低落的原因或给予帮助，只需要让对方意识到你在，他想说的时候你随时会倾听并会给予对方充分的尊重和空间，对方便会感觉很舒服。视情况也可以有一定的肢体接触，比如拉拉手、拍拍肩等，以给对方力量。

第二，用心倾听，但不做评判，不给建议

在对方情绪缓和且愿意表达的时候，用心倾听可

以给予对方力量。很多时候，人们其实并不需要别人为他做什么事情，静静地倾听就是一种莫大的支持。无论对方说什么，无论你是否认可，都不要急于评判和给出建议，更不要打断，这对于对方释放负面情绪有很大的帮助。

第三，表达支持和给予对方需要的帮助

在前面 2 点的基础上，可以询问对方："你需要我为你做些什么吗？""如果我能为你做些什么，请告诉我。"等等。请告知对方如果他有需要，你愿意给予支持和帮助，然后静静等待对方的回应。

建议先听对方的回应，要给予对方真正需要的帮助而不是你想给予的帮助。想表达时，要事先问一句："你想听听我的看法吗？""你想知道换作是我，我会怎么做吗？"等等。

如果对方暂时不需要你的帮助或建议也没关系，你可以真诚地表达："等你需要的时候告诉我，我会一

直在你身边支持你。”

做到以上 3 点，你的朋友一定可以感受到你的尊重和支持，你们的相处模式和关系会越来越好。切忌以为对方好为理由去说服对方或者做你以为对的事情，否则有可能伤害对方，你记住了吗?

第 11 课

好朋友背叛了我，我该怎么办

左左这天非常沮丧！

体育课上，老师让同学们自由组队打篮球，他和好朋友磊磊像往常一样组成了一队，他们俩可一直都是最佳拍档。但左左的死对头小松也过来找磊磊，想一起组队，磊磊没有拒绝。他们开打之后，小松多次针对性地难为左左，甚至多次恶意犯规，这让左左很生气。而且，磊磊并没有什么反应，这让左左更加生气，直接影响了他的发挥。20 多分钟下来，往常一直配合默契的左左和磊磊并没有打多少次配合，反而磊

磊和小松配合得相当默契。

看着小松得意扬扬地冲自己笑，甚至还拿篮球逗自己，左左心里很不是滋味。这让左左很受打击，觉得好朋友磊磊背叛了自己。

回到家，左左躺在床上翻来覆去，越想越生气，决定第二天当面向磊磊问个清楚，问他为什么要跟小松打球，为什么小松恶意犯规那么多次他都不说话。他还要告诉磊磊，他这么做让自己非常失望！

看到这里，你觉得如果第二天左左真这样和磊磊沟通，结果会怎样呢？他是否能得到自己想要的答案和结果呢？

面对这样的事情，我们应该如何沟通呢？下面 4 点建议送给你。

第一，注意表达的方式和语气

试想一下，若左左找到磊磊后直接问："为什么你要和小松一起打球？他恶意犯规那么多次，你为什么不说话？”这样的表达会让磊磊产生什么样的感受呢？他很可能会因为被抱怨和指责而产生对抗的情绪。如果带着这样的情绪继续沟通，肯定不会有太好的结果。很显然，这并不是左左想要的。

那么，左左该怎么办呢？一定要注意表达的方式和语气。比如，左左可以试着这样开始：“磊磊，昨天我们和小松打球的过程中，小松多次故意犯规，你注意到了吗？”这样左左就是对已经发生的事实进行讨论，接下来的沟通也就更容易顺利进行下去。

第二，认真聆听，不要急着反驳或者表达自己的观点

无论对方的回答是不是我们想听的，那都是对方的想法，不要急着反驳。认真听完后可以继续用上面的方式询问自己心中的疑问或者表达自己的观点，并心平气和地陈述客观事实。其间，可以询问对方的想

法和感受。这样既达到了询问的目的，也不会伤害好朋友之间的感情。

第三，告诉对方你的感受，而不是埋怨或指责

比如，左左计划说的“你这样做让我很失望”虽然也是在表达自己的感受，但很容易让对方感受到埋怨或指责，对方有可能马上产生抵触心理甚至会反驳。

其实，左左可以这样说：“昨天打球的时候，小松多次故意犯规，我感到很生气。你什么都没说继续跟他打配合的时候，我有点儿难过，觉得你没有顾及我的感受。你是我最好的朋友，我想了解一下你是怎么想的呢？”这样说既清晰地表达了自己的想法，也说清楚了此次谈话的目的。对方比较容易听进去，同时也会大方表达自己的想法。

第四，一起讨论解决问题的方法

我们可以明确表达自己的需要，如："如果再出现这样的情况，我希望你能和我一起和他沟通一下，让他不要再这样做了……"当然，表达完自己的需要，也要询问好朋友的想法。这样，如果类似的问题再次发生，双方都知道如何应对，知道怎么配合才会让彼此都感觉舒服。

按照以上 4 点去沟通，我相信你和好朋友的谈话会更加和谐、顺利，你们的关系也会越来越好。

第 12 课

怎样才能交到更多好朋友

小凯最近沉迷电子设备，不爱与人交往，每天一回到家就玩游戏或看短视频。每天，他总是匆匆忙忙地完成作业，对学习敷衍了事，对其他事情也提不起兴趣。看着他越来越不爱与别人沟通和交流，性格也越来越孤僻，爸爸妈妈很着急，却没有什么好办法，说他他也听不进去，禁止他使用电子设备又会引发争吵。

后来，小凯的爸爸妈妈找到我，想让我跟小凯聊一聊，看看能不能帮助他改变目前的状况。

在和小凯沟通之后，我了解到，他几乎没有朋友，上学的时候基本不和其他同学说话。而他放学回家后，爸爸妈妈特别忙，顾及不到他。所以，他就在虚拟的电子世界里寻找快乐。

小凯的情况在现实生活中很常见，不知道你或者身边的朋友有没有这种情况。

通过沟通，小凯表达了想从交朋友开始改变自己的想法。小凯认为，和好朋友一起做有意思的事情是值得期待的，不会让自己孤单，同时可能会因此发现生活的丰富多彩和其他可能性。

那怎样才能交到更多好朋友呢？

第一，通过观察寻找合适的好朋友

比如，小凯说不知道自己想交或者能交到什么样的朋友，那么他可以先从观察开始。可以从同学或者身边认识的人入手，观察他们说话、做事的风格，以及兴趣爱好，了解得越多越好，这样更有助于我们判断想不想和某个人交朋友。而且，了解得越多，越能增加我们交到朋友的机会。当然，是不是真的适合与某个人成为好朋友，要真正尝试之后才能有最终的结论，但观察和了解的过程，能让我们比较轻松地开始。

第二，敞开自己，主动把握和争取机会

锁定目标，就要勇敢地尝试。真正接触才能让彼此之间有更多的了解，也可以拉近距离。要把握好面对面交流的机会。比如，课间的时候，如果对方在和别人聊天，可以参与其中；上课的时候，如果分组讨论，可以主动争取一起讨论的机会；等等。

在这一过程中，要敞开自己，展示自己的特点，以吸引对方的注意力，赢得关注。而且，当你敞开自己与人沟通、交流，有更多人会看到并会给予回应，这样你交到朋友的机会会越来越多，你也会越来越自信。也可以邀请同学到家里玩，一起做感兴趣的事情。

这可以创造更多交朋友的机会。

第三，珍惜和尊重每一份友情

每一份友情都需要好好经营和保护。在交往过程中，彼此真诚对待和互相尊重是很重要的，这样才会让友情稳定和长久。

对方说话时，若能认真聆听，并站在对方的立场考虑问题，那么你一定会成为一个受欢迎的朋友，也会因此赢得对方更多的尊重和信任。

第四，做好自己，不用讨好的方式交朋友

这一点至关重要。虽然我们想拥有很多好朋友，也会为此付出努力，但以讨好为代价是没有必要的。因为，这样的关系是不平等的，这样的友谊也不会长久。我们要做好自己，不卑不亢，多培养兴趣爱好，积极向上，只有接纳和喜欢自己的人才能赢得别人的

关注和喜欢，才能交到更多好朋友。

当你有了很多好朋友，你们会互相学习、互相影响。由此，你多了诉说和表达的渠道，也多了了解和完善自己的机会。

当然，与好朋友相处过程中也会遇到烦恼和问题，但这会让你的成长经历变得不一样，为未来的人际交往打下良好的基础。珍贵的友情会让你受益一生，真正的好朋友也会陪伴你过更有意义的生活。

第 13 课

怎么知道谁是我真正的朋友呢

露露最近有些困惑，每每面对她“最好的”朋友乐乐时，她都有些不知所措，不知道该如何与她相处。很多事情她并不想做，但似乎又不得不做。她想让乐乐开心，但很多时候却弄得自己很不开心，甚至感觉很难受、很别扭。明明乐乐是她的好朋友，但她总觉得哪里不对。

露露有很多好朋友，和每个好朋友在一起玩的时候感觉都不太一样。这天，放学回家后，露露就这个话题询问妈妈的看法，妈妈问她知不知道如何判断真正的朋友。露露摇了摇头，母女俩就这个问题讨论起

来。妈妈说，这是社交中非常重要的课题，真正的好朋友可以陪伴我们更好地成长、生活，而“坏朋友”会消耗我们很多精力和时间。

对此，我给出以下 5 点建议。

第一，远离总是跟你谈条件的“朋友”

比如，总是要你给他什么东西或者为他做什么事情才肯和你交朋友的人，并不是真正喜欢和在乎你，而是出于某种目的才和你交往。这样的友情是有条件的，要远离。当你不能满足对方的某些需求时，他可能就会因为你没什么价值而第一时间远离你，这样的朋友是假朋友。我们要学会拒绝，尤其对于不合理的要求要勇敢说“不”。一味索取，不懂付出的人不值得交往。

第二，远离做了坏事还让你保密的“朋友”

好朋友之间会有一些秘密，并且只想和对方分享，这是一件正常的事情。但如果对方做了违反学校规定甚至法律的事情，或是让我们感觉非常不舒服的事情，我们一定要注意。如果对方让我们替他保守这样的秘密，我们一定不要听从。比如，有人让你在学校抽烟喝酒、打架斗殴、欺凌他人等，你一定要知道这是不对的，不能参与其中，也不能为对方保守这种秘密。

好朋友之间可以一起做积极向上的事情，不能做错误和危险的事情。

第三，远离总是充满负能量和消极情绪的“朋友”

负能量和消极情绪是会传染的。有的人遇到问题从来不想如何解决，看什么都不顺眼，一开口总是抱怨，只会发脾气，而且从来不想改变。和这样的人相处久了，我们也可能潜移默化地变成这样的人，比如，每天抱怨做作业太辛苦、上学太累，上课不是开小差就是睡觉，考试时敷衍了事，等等。这样的“朋友”一定要远离。

第四，远离不尊重你和不懂得感恩的“朋友”

真正的友情是建立在平等的基础上的，要彼此尊重，亲和有礼。对于那些经常拿你开玩笑且完全不顾及你的想法和心情的人，甚至故意戏弄你让你当众出丑的人，一定要远离。另外，认为你的付出和帮忙是理所当然，且从不懂得感恩的“朋友”，也一定要远离。

第五，远离不能和你共患难的“朋友”

俗话说“患难见真情”，真朋友一定是可以和我们同甘共苦的人。开心快乐时可以和我们一起嬉戏打闹的朋友，在我们遇到困难需要帮助的时候是否还会陪在我们身边呢？比如，闯祸之后是否愿意和我们一起承担责任？比如，你因成绩落后而精神不振的时候是否会想方设法拉你一把？真朋友的办法总是很多，假朋友的理由总是很多，我们一定要分辨清楚。

孩子，我们成长的路上会遇到很多人，不是所有人都可以成为我们的真朋友。试着去和那些充满正能量、三观正的人交朋友吧！你会快乐很多，你们彼此都会受益。

朋友不在多，而在精。当然，努力让自己变得优秀、强大，才会吸引真正值得交往的朋友。

你若盛开，蝴蝶自来。当你发现对方不是你想交的朋友时，一定要有放弃的勇气！友谊本就是双向选择，拿得起也要放得下。

PART 3

如何与同学相处

第 14 课

同学动手打我，我该不该还手

最近，10 岁的轩轩遇到了一件烦心事，同桌小杰对他越来越不友好。有一次，在体育课上分组打篮球的时候，小杰故意撞倒轩轩，导致他膝盖擦伤。上课分组讨论意见不一致的时候，小杰总是用胳膊怼轩轩，有的时候弄得轩轩真的很疼。

轩轩问小杰为什么这么做，他也不回答，反而说要是不服气就去找老师打小报告，反正他也不害怕。他说话的时候还挥拳头给轩轩看。轩轩不知道该怎么处理，不知道是不是自己做了什么错事才导致小杰这

样对他。

现在，轩轩总是刻意回避小杰，以免发生冲突，但事情并没有好转。他都有点儿害怕上学了。

不知道你在学校有没有遇到过这样的情况？首先我想告诉大家的是，不要因为别人的错误责怪自己，这一点很重要。即便你无心做了错事，对方故意打你也是不对的，我们要正确看待这个问题。

解决类似的问题，我们可以采用以下方法。

第一，发出正式沟通的邀请

遇到这样的情况，可以找一个合适的时间，真诚地邀请对方就目前出现的问题沟通一下。然后，可以描述一下已经发生的事情，如“在我们相处的过程中，你用胳膊怼我，你打篮球时撞倒了我，还挥着拳头跟我说话”，告诉对方你的感受，并提出解决方案，如“这让我感到很难过、沮丧，我需要跟你谈一谈。我们要调整一下相处的方式。我们沟通的时候不要动手，要用语言来解决问题。相信我们一定可以找到解决问题的办法。”

第二，坚定地表明态度

如果对方能好好沟通，就认真倾听并共同解决问题。如果对方不配合，就要坚定地表明自己的态度，比如：“你动手这件事我不会再忍受。如果我们沟通无效，我就会寻找其他解决问题的方法。”通过这样的沟通，对方将知道你不会任由他欺负。

第三，坦然地接受结果

无论最后是和对方一起解决问题，还是求助父母、老师解决问题，一旦问题得到解决，你们可以继续做朋友当然是最好的结果。然而，也不能排除问题无法得到妥善解决的可能，毕竟每个人成长的环境不同，从小接受的教育也不同。我们只要尽力去解决问题就可以了，要坦然接受结果。比如，和对方做不成朋友也没关系，只要达成“对方不再打你”的目的就可以。无论如何，我们一定要保护好自己，不替欺负我们的人保守秘密，也不一味退让和妥协。

孩子，在成长过程中，我们会有很多同学、朋友，我们也会慢慢知道什么样的人会成为我们真正的朋友。真诚待人、彼此尊重、互帮互助等是友谊的核心，打人等欺负别人的行为是不对的，有时候甚至会发展成为校园欺凌，导致非常严重的后果。所以，无论出于什么原因，我们都需要及时处理肢体冲突，可以求助父母、老师。

第 15 课

我被同学孤立了，该怎么办

珊珊总是独来独往，班上的同学似乎不太喜欢和她一起玩。

每天中午吃饭的时候，大家三五成群地边吃边聊。即便她凑过去和同学们坐在一起，也像透明人一样，没有人主动和她说话。体育课上，大家组队自由活动时也没有人邀请她。每次班上搞联欢会排练节目也是如此，没有人会想到找她出节目。

时间长了，珊珊似乎习惯了这样的情况。除了和大家一起上课，她干别的事基本都是一个人，她总是一个人看书、学习、写作业，做自己想做的事情。有时候看着大家三三两两在一起玩，她心里也难免失落，觉得自己好像被孤立了，心里很不是滋味。

其实，这一切早就被班主任闫老师看在了眼里。一天下午，闫老师叫珊珊来自己办公室聊天。当被问到“为什么不和别人一起玩”的时候，珊珊吞吞吐吐地说出了自己的想法。

闫老师问珊珊孤立是什么意思？珊珊说，就是没人愿意理你，没人愿意和你一起做事。闫老师又问珊珊感觉自己被孤立时的感受是什么样的呢？珊珊说，有时候感觉有些失落和难过，觉得身边的人和事都和自己无关，做事情也提不起劲儿；但有时也觉得无所谓，自己干好自己的事情就行了，其他的人和事没有那么重要。

“你刚才提到的失落和难过的感觉我能理解，因为我上学的时候也遇到过类似的情况，那你更喜欢什么样的相处方式呢？”闫老师又问。

“我也不知道。”珊珊如实说。

“那你想想之前的事情，你和同学如何相处会让你感觉开心呢？”闫老师引导说。

珊珊想了想说：“我以前有几个关系很好的朋友，我们经常一起聊天或者做各种事情。那时，我既不孤单也不觉得吵闹，我感觉挺好的。”

“那现在你是怎么想的呢？你想改变目前的状况吗？”闫老师温和地说。

珊珊点点头说：“想！但我也不知道该怎么做，所以就什么也没做。也许，是我自己不够好。”

闫老师笑着说：“也许不是你不够好，而是大家不了解你！你愿意试一下吗？老师有方法，咱们试试看怎么样？”

珊珊同意了。于是，闫老师分享了 3 个小锦囊给她，还说这是她们俩的专属秘密，其他人都不知道。珊珊听了很开心。

第一，学会欣赏自己，学会欣赏他人

欣赏自己是为了更好地了解自己和增加自信。如果有家人或者朋友说起我们的缺点，我们需要确认一下，并要看一下是否可以调整，从而在成为更好的自己的同时更加自信。可以暗中观察一下周围的同学，找找自己觉得很不错且想与其交朋友或一起玩的人，并记录一下对方的特点及爱做的事情，然后和自己进行匹配，看看自己是否愿意或者喜欢和对方做朋友或一起玩。如果发现有自己擅长做的事情，那就更好了。比如，聊到娱乐活动时，有没有共同喜欢的小说或者电影。如果刚好有共同的话题，这就是沟通很好的切入口。可以把观察到的情况进行记录，便于自己分析和总结。

第二，变被动为主动

不必总是等着别人过来找你去做某件事，你可以主动出击。这件事可以进展得自然一些，可在上面讲的观察、分析、总结的基础上，从自己感兴趣且想一起玩的同学入手。这种主动出击，可以是认真聆听后的回应，比如："你刚才讲的那个故事真棒，让我想到了……"；也可以是聊天中的简单插话，比如："你做的这是什么呀？真漂亮！"等等。尽量避免过于直接的表达，如："我可以和你们一起玩吗？""我可以加入你们吗？"等等。因为这样的表达给了别人拒绝你的机会。可先走出一小步，慢慢尝试，但要把握好节奏，只要让自己和对方都感觉舒服就是成功的。刚开始慢一点儿也没关系，只要能加入讨论或者谈话中，下一步很可能就是一起玩。慢慢来，持续尝试，总会找到合适的小伙伴一起玩。

第三，乐于助人，心态乐观

我们都生活在不同的集体中，都有需要别人帮助的时候，比如，有人上课时没带文具，有人在写作业时遇到了难题，有人十分难过需要人安慰，有人想倾诉的时候没有人愿意听，等等。如果你看到了，可以给予力所能及的帮助。你可能会收获意想不到的结果，这比上面提到的询问“我可以和你们一起玩吗？”的方式更有效。抱着积极的心态去付出，抱着乐观的心态接受各种结果，坚持下去，你身边的人和关系都会变得不一样。

珊珊带着这3个锦囊开始尝试改变，从刚开始的小心翼翼到后来的积极主动，整个过程充满惊喜和挑战。不断尝试中，她渐渐有了朋友，她发现原来和身边的人相处并不像她想的那么难。她现在觉得，用心对待，就会有不一样的结果。她终于一步一步走出了被孤立的处境，渐渐开朗起来，一切都变得越来越好。

在这里，我要提醒一点，如果你发现自己被别人刻意孤立，甚至被欺凌了，一定要果断地求助家长或老师，以及时获得帮助，避免自己受到伤害。这一点很重要，大家一定要记得哦！

第 16 课

我很生某个同学的气，该怎么办

小北今天特别生气，晚饭都没吃几口，一个人便回房间去了。前几天，同班同学岳岳把小北的照片做成了表情包，一直在班级的微信群里发。刚开始小北觉得他是在开玩笑、闹着玩，也没太当回事儿，只是不回应。谁知道岳岳变本加厉，除了之前做的表情包，又做了很多动图，有一些还配上了不雅的文字。班里很多同学都在跟风转发。

今天是周末，岳岳在班级微信群里说特别无聊，想招呼大家出来聊天，之后又开始发小北的各种表情

小北
小北
小北
小北

包和恶搞图。

小北忍无可忍，气得牙痒痒，可又不知道该做些什么，琢磨着也搜集一些岳岳的照片以牙还牙，让他尝尝这种滋味。

其实，小北的心情我们能理解，谁都不希望被这样对待，可是如果小北以同样的方式对待岳岳，问题就能解决吗？她还有其他办法吗？

如果遇到这样的情况，我们可以采取以下措施。

第一，寻求班里同学的帮助

可以单独找到班里比较有威望的同学，比如班长、学习委员、纪律委员等，私下沟通一下这件事，主动表明自己的感受和想法。

可告知对方这件事已经影响到自己的学习和生活了，未来也可能影响到班里的其他同学，希望可以得到帮助，一起解决这个问题。

第二，直接找对方沟通

比如，小北可以直接在群里正式回应发图的人，表明自己的态度，尽量做到谦和有礼、不卑不亢。小北可以这样说：“各位同学，大家好，我看到了大家发到群里的这些图片，我感觉很不舒服。我知道大家可能是在开玩笑，但请大家想想如果照片上的人是你们，你们会有什么样的感受呢？相信大家换位思考一下就可以感同身受了。开玩笑的方式很多，换种可让大家愉悦同时又不会伤害别人的方式会更好。希望大家不要再转发关于我或者其他人的照片了，感谢大家的尊重！”

接下来，让之前沟通过的同学也发表一下意见，呼吁大家共同营造健康、和谐的班风。

这样，相信那些转发图片的同学肯定会有所思考和顾忌的。

第三，找到当事人表明态度

比如，你可以告诉对方，之前你没有表态，所以对方可能不知道你的真实想法。你可以明确告诉对方，之后不要再这么做，不要再乱发别人的照片，更不能恶搞别人，尊重他人才能获得他人的尊重。最后，可以对对方说："我相信你以后不会再这样对待同学。你是一个值得信赖的人，大家和谐相处肯定也是你的想法和愿望。"有了前两点的铺垫，再加上你明确的态度，相信对方会有所思考、有所顾忌。

这样，问题基本就能解决了。生气是日常生活中难以避免的一种情绪，及时调整情绪并理性面对问题，可以帮助我们更好地稳定自己的情绪和解决问题，从而避免由于冲动而做出伤害自己和别人的事。如果你已经尽力解决问题，对方却没有做出改变，继续以某种方式伤害你，记得要向家长和老师求助，这也是解决问题的一种有效的方式。

第 17 课

同学总是嘲笑我，我该怎么办

12 岁的小艾正是长身体的时候，原来放学后一回到家就喊饿，要吃很多饭才会满足。最近小艾的饭量越来越小，刚开始妈妈以为她挑食，变着法儿给她做她最喜欢吃的糖醋排骨、可乐鸡翅、红烧肉等。但是，小艾还是提不起食欲，总是吃一点儿就说饱了。小艾最近还喜欢照镜子，每天心情也不太好。

小艾的这些表现引起了妈妈的注意。妈妈再三询问，小艾才说出了实情。

原来，最近小艾的同学雯雯总是嘲笑小艾又胖又丑，说她的腿就像大象的腿一样粗，穿裙子都找不到腰在哪里，而且皮肤又黑又糙，真不像个女生。雯雯还和其他同学一起笑话小艾，不跟她玩。小艾很难过，她通过仔细观察发现自己确实比雯雯“大了一个号”，要强壮很多，就觉得雯雯说得对，因而变得越来越自卑，话也变少了。正因如此，她才想通过少吃饭瘦下来，她认为自己瘦下来就不会再被同学嘲笑了。

妈妈听了很生气，她认为小艾虽然不是特别瘦的女孩但也不胖，而且平时饮食很规律，周末还经常和爸爸妈妈一起去户外跑步或者打球。再说肤色，妈妈认为小艾的皮肤是很健康的小麦色。

原来阳光开朗、健康快乐的女儿因为受到了同学的嘲笑而不想吃饭，变得不自信、不开心，这是妈妈不愿看到的。但她转念一想，这也是一个让小艾变得勇敢、坚强、自信的机会。

首先，妈妈从网上找来大量与12岁孩子相关的健康数据和信息，以此告诉小艾她现在很健康；其次，妈妈告诉小艾，她是一个积极、认真、善良、懂事、喜欢帮助他人的好孩子，要了解自己的优点，不要过于在意别人的看法和评价；最后，妈妈带着小艾通过阅读寻找优秀的人的共同点，那就是不畏惧嘲笑和误解、坚持做自己、积极、自信等。

一个人的美与丑不在外表，而在内在。自信的人就是美的，而自信源于不断的学习和自我提高。当我们越来越优秀，做什么事情都游刃有余，同时也可以帮助他人解决问题，我们便可以通过实力赢得掌声和尊重，把时间花在更有意义和价值的事情上。这才是我们应该做的！自信的人不会轻易被他人的评价所影响，不会怀疑和轻易改变自己。

实际上，即便小艾变瘦、变美了，可能还会因为其他问题遭到嘲笑，所以她完全没必要那么在意别人的看法。喜欢嘲笑我们的人也不是我们真正的朋友。真正的朋友给予建议和帮助的方式绝不是嘲笑，而是充满善意和真诚的沟通。

在这个过程中，妈妈也教会了小艾如何应对像雯雯一样喜欢嘲笑别人的人。

第一，明确告诉对方他说的一点儿都不好笑

比如：“如果你是在和我开玩笑，我觉得这并不好笑，而且这是很不礼貌的。我相信，你不是一个不懂得尊重别人的人。之前，可能你不知道，我不会在意。之后，请你不要再这么说了！这让我感觉很不舒服。”

第二，及时找父母或老师沟通

如果你告知对方自己的感受后，对方并未停止对你的嘲笑和伤害，那么可以找父母或老师沟通并寻找解决方案。

请记住，你还是未成年人，遇到无法解决的问题找大人帮助是首要选择。

第三，勇敢做自己，好好爱自己

每个人都是不同的，都有自己的长处和短处。成

长中通过不断学习变得更加强大和自信才是应对别人嘲笑最厉害的武器，也是对自己最有用的保护。勇敢做自己，好好爱自己，相信自己是最棒的，我们才会变得越来越优秀！

小艾真的很幸运，她有一个善于鼓励和引导她的妈妈。妈妈告诉小艾，不但要找到解决当下问题的方法，还要通过学习锻炼自己解决更多问题的能力。妈妈相信，小艾终会因为自己的勇敢、自信、强大而闪闪发光！

每个人都有自己的光芒，相信自己，不要轻易被他人的言论和评价影响！

第 18 课

我好像对某个异性同学有好感，我该怎么办

“我好像有点喜欢林木，我对他的感觉好像和对别人的感觉不一样……”坐在我对面的彤彤有点不好意思地说。她小脸红扑扑的，说完之后似乎有点不知所措。

彤彤今年上六年级，很喜欢笑。她个子高高的，总是扎着马尾，走起路来感觉像是带着风。她是班里的学习委员，每天都感觉正能量满满。她平日里性格有些外向，类似的不知所措还真是不常见。

“能具体说说有什么不一样吗？”我看着她说。

“跟他在一起的时候，我既有点紧张，又有点开心。这段时间，我总是有意无意地关注他。比如，上课的时候会看他长长的睫毛，下课的时候会注意他和别人交流时的笑容和声音，体育课上会在一旁看他打球，等等。总之，他的一举一动我都挺在意的，我对他好像特别有好感。另外，我总想在生活中帮他做一些力所能及的事情，比如帮他拿东西等。看不到他的时候，我会有些失落。我在网上查了一下，这应该就是喜欢吧。我也知道这样不对，但就是控制不住自己。”彤彤说完低下了头。

我问她：“为什么会觉得这样不对呢？”

她继续说：“我们现在年纪还小，每天都要好好学习，才能考上好的中学，有其他的想法就是不对的。”

和彤彤有类似经历和想法的孩子，我见过不少，也听很多爸爸妈妈提起自家孩子有这样的情况。在这里，我分享几点小建议以帮助大家应对这样的情况。

第一，对异性有好感是一件非常正常的事情

随着年龄的增长，我们会对身边的异性同学或朋友产生好感，会特别注意他们的一举一动，对他们的关注会超过对其他同学和朋友的关注。几乎每个人都会经历这一时期，所以千万不要因此对自己有不好的评价，更不必为此内疚和自责。喜欢一个人是成长过程中很美好的事情，接受这件事的发生和存在才有可能正确应对。

第二，根据具体情况选择应对方式

如果这件事并没有对你的学习、生活和情绪产生实质性的负面影响，你和对方依然可以正常相处，那就把这份好感放在心里。随着年龄的增长，你会越来越明白自己接下来该如何应对。如果因为对异性的好感而产生很多期待，同时因期待没有变为现实而产生很大的压力或者出现异常情绪变化，如焦虑、烦躁、难

过、生气等，你要意识到，你需要及时进行自我调整。

第三，及时进行自我调整及寻求他人的帮助

自我调整的方式是找到可以让自己平静思考、稳定状态的方法。比如，可以通过写日记记录心情，可以通过运动放松自己，可以通过休息让自己平静，可以通过阅读让自己成长，等等。

通过不断尝试，你终会找到行之有效的办法。如果自我调整的方式并不能真正帮助到你，以上情况并没有好转，应尽快找老师或家长沟通交流以寻求帮助。作为未成年人，你需要知道有些事情是你的未知领域，寻求帮助是很重要的解决问题的途径。就像彤彤找我倾诉自己的烦恼一样，主动寻找解决办法吧。

第四，轻易不要采取行动

互联网时代，网络上的信息纷繁复杂。网络上的

很多方法并不适用于未成年人甚至原本就是不对的，网络上的很多故事或案例是不真实的，所以一定不要轻信，更不要参照着采取任何行动，而是要认真辨别和理性思考。

对异性产生好感这件事是很正常的，关键是我们如何应对这样一份好感，以及在什么时间、什么情况下表达和行动才能收获美好的结果，这都是我们在逐渐成长过程中需要不断学习和经历的。

第19课

我该如何拒绝别人呢

飞飞遇到了一个难题，同桌小林今天又向他借钱了，说要买笔记本但还差10元钱。虽然这个金额不算大，但飞飞还是不想借给小林，因为上次借给她买洋娃娃的20元钱到现在2个月了她只还了10元，这让飞飞感觉很不舒服。

实际上，小林并不是没有钱，平时她经常买零食之类的东西，就是不还钱给飞飞。所以，飞飞对小林说自己今天没带钱。谁知小林又说等飞飞明天带了钱再借给她。

飞飞既不好意思问小林上次借的钱何时还，也不好意思直接拒绝她这次的借钱行为。飞飞想，拒绝别人好难呀！飞飞应该怎么做呢？

晚上吃完饭，飞飞找哥哥帮忙。哥哥听完事情的经过后问他："那你为什么不想借钱给小林呢？"

飞飞说："我觉得总是借钱不好。她又不是因为什么紧急情况借钱，只是因为想买自己想要的东西借钱，而且我自己的零花钱也是有用的。"

"那你觉得你的想法是对的吗？是对大家都好的吗？"哥哥又问。

"我觉得是的，可我要是直接拒绝她好像对维护关系不太好。"飞飞为难地说。

"你说的有道理，直接拒绝好像不是最好的选择。那如何做才能达到既委婉地拒绝了对方又可帮助到对方的目的呢？"哥哥笑着引导飞飞思考。

飞飞想了想说："她想买笔记本，我可以和她一起讨论怎样才可以买到。她不一定非要通过借钱买，还有其他的办法，比如攒零花钱、找父母要等。我可以

跟她分享一下我攒钱买喜欢的故事书的经验。同时，我要告诉她我不能借钱给她的原因，我的零花钱自有用处。”

哥哥点点头说：“你说的不错，这样既表达了自己拒绝的意思，也提供了力所能及的帮助。那她没有还你钱这件事，你打算如何与她沟通呢？”

飞飞想了想说：“我会跟她说，之前没还我的钱，她有钱了要及时还我。我相信她会尽快还我的。”

哥哥冲飞飞竖起了大拇指，连连称赞他想得很周到，并继续提醒他说：“在人与人的交往中，拒绝别人是一件很正常和合理的事情，不要觉得不好意思。不懂拒绝的人会有很多烦恼和压力。我们有拒绝别人的权利，但我们在拒绝别人的时候要多动一下脑子，要讲究方式方法。态度可以是坚决的，但语言可以是柔软的，表达可以是真诚的。当然，拒绝别人的同时，若能给予一些力所能及的支持，表达一下我们的关心，就更好了。”

飞飞点点头说：“我懂了。我同学想借我的故事书，我也知道怎么回复他了。我这周不能借给他，但我下周读完就可以借给他了。拒绝别人也没有那么难，注意表达方式就好了！”

孩子，你有不知道该如何拒绝别人的烦恼吗？读了飞飞的故事，你应该清楚怎么做了。我们一起来回顾一下。

第一，想清楚为什么要拒绝别人

这一点很重要，很多人害怕拒绝别人往往是因为觉得不好意思，或者觉得不应该。通过思考，你会有自己的理由，会更加清楚地知道自己为什么想要拒绝，也会更加坚定地去行动。

第二，用合适的方式表达

可以寻找合适的时机，通过温柔且坚定的语言表达自己的想法。准备过程中，可以通过换位思考找感觉。总之，拒绝也可以让人感到合情合理，勇敢地表达吧！

第三，给予力所能及的帮助

虽然是表达拒绝，但也可以客观地告诉对方我们能为对方做些什么。如果有其他的好的想法和建议，也可以分享一下。这对别人既是一种关心，也可能是另外一种助力。

记得，拒绝别人是一件正常且合理的事情。懂得如何拒绝别人才能成为一个自信、独立、勇敢的人！

PART 4

如何让自己变得更好

第 20 课

我有点内向且容易紧张，我是不是“社恐”

一个周末，我和几个朋友相约带着孩子聚一聚。三四个家长以及三四个孩子，一起吃饭、聊天、玩耍，都很放松！这期间，我注意到，小慧总是与其他孩子保持着一定距离，常常一个人待着，相较其他打成一片的孩子显得格格不入。据我观察，她似乎想参与，但没勇气表达。她总是探探头，前进一点儿，又马上退回去，一脸胆怯和紧张的表情。

小慧妈妈似乎也注意到了这一点，走上前去让她和大家一起玩。然而，小慧并没有动，仍留在原地，还流下了委屈的眼泪。妈妈很生气，并质问她说：“大孩子小孩子都能玩到一起，为什么就你不行？”之后，她们两个人一边走一边大声地争执起来。想到她们母女俩回到家可能还会吵，我就走上前劝说了几句，并询问小慧妈妈我是否可以和孩子聊聊。小慧妈妈说那可太好了。能看出来，小慧的问题由来已久。小慧妈妈说真想让孩子融入朋友，和大家一起玩，多掌握一些社交能力。

我把小慧带到一个安静的角落，让她在长椅上静静地坐了一会儿，并安抚她让她平静下来。我问她想不想和其他小朋友一起玩，她点点头。但她随即又说：“我总是很紧张，尤其是面对不熟悉的人时。妈妈因此老说我。我也很讨厌自己这样，可想改变又改变不了，我是不是‘社恐’呀？我听同学说，‘社恐’就是这样。也许，我就适合一个人待着吧。”说完，小慧很失落，眼泪又开始在眼眶里打转。

我拉着她的手说：“你刚才和我说了这么多话，你的表达很到位。你没有紧张，我听得很明白，你是怎么做到的呢？这样看来，你完全不是‘社恐’。”

小慧愣了一下，显然在我说这些之前她并没有意识到这一点。然后，她说：“那可能是因为我刚才说话的时候挺放松的。和您在这里坐了一会儿，我感觉没有那么紧张了。现在，要是换个人和我说话，我可能又说不出来了。”

“还有什么原因呢？”我又问。

“我刚才没想过一定要表达得有多好，只想着把自己想说的话说出来就可以了。我也没想过结果。”小慧思考了一下说。

“哦，就是这些原因呀。那以前有没有出现过这种情况呢？在什么情况下，你可以正常地表达？你再想想看。”我接着问。

“我上小学的时候，这样的情况好像还挺多的。那时，我虽然话不多，但也可以和其他人正常交流。自从上了初中，换了学校，换了环境，我就开始不敢

与人交际，尤其不敢和别人说话。后来，爸爸妈妈老说我，让我改，我改了好久也没改过来。现在，这种情况好像还越来越严重了。我更胆小了。”小慧说完有点不知所措。

我拍拍她的肩膀并说我很理解她。我告诉她这种情况很多孩子身上都有，是可以调整的。之后，我给了她以下几条建议。

第一，接纳自己，不给自己贴标签

不想表达，不会说话，不等于“社恐”，不要给自己贴这样的标签。否则，既是对自己的不接纳，也会让自己停滞不前，还容易让自己越来越自卑。没有谁生来就会社交，也没有谁是十全十美的，我们必须接受自己与他人不同，并不断调整自己，让自己变得更好。在这个过程中，可以多想想自己变好之后的情况。一定要相信自己，接纳自己，肯定自己，目标一定可以达成！

第二，允许自己按下“暂停键”

面对他人时，如果意识到自己开始紧张，可以按下“暂停键”，等准备好再开始。告诉自己，没关系的，慢慢来。如果有人催你，告诉他们你还没准备好，让他们等一下。实际交往中，如果进行不下去也可以随时退出，有礼貌地打招呼退出就可以了。记住，每一次尝试都是有意义的，这一点很重要。无论对方是家里人还是其他人，清晰、礼貌的表达可以让他们更理解你，不再催促你，你由此可以为自己争取时间，心里也会轻松、自在一些。

第三，刻意练习，从每一个小的进步开始

可以先从自己想沟通的人或者话题开始刻意练习。可以学习朋友的相关优点，可以从书上、电视上、电影上等学习相关社交技巧。你觉得好的案例都可以借鉴。这样，可以更具体地学习如何表达，每次表达也

更容易开始。等有了一定的积累，也就有了底气，行动的时候就会更加顺利。总之，熟能生巧，多多练习可让你更加自在。同时，记录每一次小小的进步，可以让你更有信心。

第四，降低预期目标，让自己放轻松

降低预期目标，不要过分在意结果，就不会过于紧张，就更容易放轻松。想得太多会让你畏首畏尾，甚至干脆放弃行动。迟迟不开始，肯定没有进步。倒不如不设预期，轻松上阵，把任何收获都当成进步，只和过去的自己比，把想说的话慢慢表达出来。就像小慧和我的沟通一样，过程越自然效果越好。

记住，慢慢来，别着急，你一定可以的!

第 21 课

我是个话痨，别人会不会讨厌我

珊珊性格外向，热情奔放，特别喜欢说话，和别人聊天总有讲不完的事情。

有一次，她去同学家，滔滔不绝地又是讲故事，又是说笑话。同学的妈妈笑着说：“珊珊，你可真是个话痨，一开口就像要做个人专场演讲，跟你在一起感觉都不用说话。”

珊珊这才意识到自己一直在说，其他人都没有机会讲话。她开始担心别人会不会不开心，甚至讨厌自己。

···
话多
···

其实，很多孩子都有这种情况，那该怎么办呢？

有表达欲和分享意识是好事，但是需要注意以下3点。

第一，说之前试着去听

和人聊天或者沟通时，要有意识地让自己静下心来听对方在说什么，这会让对方感受到尊重。每个人在表达时都需要回应。向对方点点头，或者重复对方说的关键词，都是不错的方式。这也会让你接下来的表达引发更多的共鸣，对方也更愿意听你说话。

可以尝试类似这样的句式，“你刚才说到的……真的让我印象深刻。”“关于你刚刚提到的……我也很认同，这让我想起了……”等等。

接下来，你就可以自然而然地发表自己的观点了。

第二，说话的时候多一些互动

沟通的时候可以有意地多一些互动，例如：“我刚说的这种情况，不知道你有没有遇到过呢？”“对于……你是怎么想的呢？”“这样的说法你认同吗？”等等。这样的表达可给对方和你沟通的机会，如果对方也想表达，这时候就会把话题接过去。与此同时，你说的时候对方也会更认真地听。

第三，多多学习简洁、幽默的表达方式

可以通过刻意的练习让说话成为你的硬本领。可以通过有意识的练习让自己的语言更加简洁有力，也可以通过学习高情商的表达方式让自己说的话更容易引起共鸣和认可，更能带给听众收获和思考。这样，听的人也会更有兴趣。当然，如果可以在沟通中增加幽默成分，你更有可能成为一个受欢迎的人。

第 22 课

如何喜欢上自己，并变得更自信

我们在人际交往中，除了要学会与他人交往，还要学会与自己交往。永远记住，你生命中最重要的人是你自己，只有能和自己和谐相处，你才能和其他人顺利交往。

在深入讨论之前，我想问一句："你喜欢自己吗？"如果你的答案是肯定的，那恭喜你！因为你具备了成为一个社交高手的基础条件。如果你的答案是否定的，没关系！我会教你喜欢上自己的方法。从此刻开始，行动起来吧！学会爱自己，才能爱别人。调

喜欢自己
父母
朋友
老师

整好自己的状态，建立好和自己的关系，你会发现你和父母、朋友及身边其他人的关系会越来越好。从以下几点开始做起吧！

第一，好好和自己相处，好好了解一下自己

上学、写作业、进行人际交往、参加课外活动等可能是你生活的主要内容。在这个过程中，你会见到不同的人，也会有不同的感受。每天晚上，你可以安排一些时间和自己相处，可以用文字记录，也可以闭目思考：这一天下来，我过得好吗？我今天都产生过哪些情绪，是开心、满足、骄傲、笃定等，还是难过、担心、焦虑、不知所措等？人的情绪有很多种，如果你不知道怎么表达，也可以具体描述一下自己的感受。用这样的方式，你将更了解自己，你感受到的情绪也会被好好照顾。积极的情绪会因为被你看到而放大，消极的情绪也会因为被你看到而得到释放。在后面的内容中，我会具体告诉大家如何与情绪和平相处！

第二，发现自己美好的品质

我们总是很容易看到别人的闪光点，比如，××篮球打得特别好，××英语说得特别流利，××每次考试成绩都那么好，等等。那么，你知道自己身上有哪些闪光点吗？你知道这些闪光点背后隐藏的美好品质是什么吗？知道这些非常重要，这会让你越来越自信。例如：你喜欢帮助他人，那么你就有善良的品质；你勇于接受挑战，那么你就有勇敢的品质；你遇到困难的时候不放弃，那么你就有善于坚持的品质；等等。发现的越多，你越会觉得自己是一个很棒的人！

第三，多对自己说肯定的语言

肯定的语言会给人力量。大家可以回忆一下，在日常生活中，当爸爸妈妈说："你真厉害，字写得这么好！"当同学说："你总是给我讲解错题，你真是太好了！”当一个陌生人说：“谢谢你给我让座，你真是一个善良的好孩子！”听到这些肯定的语言时，你有什么样的感受呢？是不是很开心？这些都是来自他人对你的肯定，你有没有对自己说过肯定的语言呢？例如：刷完牙后对自己说：“我的牙齿好白、好整齐，真好看！”积极回答老师提出的问题后对自己说：“这道题我回答得真好，认真思考的我很厉害嘛！”完成作业后对自己说：“今天的作业，我完成得真不错，我很优秀呀！”做错题的时候对自己说：“这一次做错不要紧，我下次不会再错了！”等等。

千万别小看这些语言，它们会带给你很多能量，让你越来越自信。你对比一下抱怨和否定的语言带给你的感受就更加清楚了。比如，“我怎么又弄错了，我真是太笨了！”“我能做出来，其他人也能做出来，这不算什么！”“我好像什么都没有别人好。”这些语言你熟悉吗？它们会带给你什么样的感觉呢？

这样对比一下，你以后一定会多对自己说肯定的语言。

第四，提升帮助自己的能力

以上 3 点很重要，但日常生活中做不到的时候该怎么办呢？毕竟，想是比较容易的，做起来并没有那么容易。这就需要我们养成一些好的习惯，比如阅读、冥想、运动等，以帮助自己慢慢提升各种能力。这些习惯可以让我们保持专注、乐观、积极，遇事更容易冷静思考、沉着应对。当然，在不断提升自己的过程中，你可能还会发现其他对你特别有用的方法，请记录下来，不断尝试、实践。时间长了，你就会拥有一张自我帮助的清单，上面都是可助力你持续提升自己能力的习惯。这样，无论遇到什么情况，你都可以保持好状态，你都知道如何应对。

做到以上 4 点，相信你会和自己建立非常好的关系，从而更容易和身边的人建立良好的关系，最终成为一个社交高手。

第 23 课

如何管理自己的情绪

凡凡今天在学校和好朋友吵架了，他非常生气，放学的时候也没和好朋友说话。妈妈接他回家的时候又唠叨他每天都不能认真完成作业、不收拾房间等。他更加生气了，不仅和妈妈大声争吵，回到家之后还把自己锁在了自己房间。

凡凡心里觉得堵得慌，一肚子怒火不知道怎么发泄。他把毛绒小狗狠狠地摔在地上，之后又难过地坐在床上哭。

你知道凡凡到底是怎么了吗？凡凡做些什么会让

自己好受一些呢？你有过类似的情况吗？其实，凡凡这是闹情绪了。

一般来讲，情绪是我们对外界发生的事情所产生的反应和感受。比如，我们会因为吃到好吃的食物而开心，会因为体育比赛获得第一名而兴奋、激动，会因为受到批评而生气、难过，等等。这些都是我们的情绪。

情绪本身没有好与坏。我们对于不同情绪做出不同反应，才会导致好的或者坏的结果，因而情绪也被我们分为正面情绪和负面情绪。正面情绪会让我们感觉很棒，如开心、幸福、温暖、轻松等，这些感受通常会让我们的状态很好。而负面情绪往往会让我们感觉很糟糕，比如生气、伤心、难过、纠结、痛苦等，这样的感受可能会让我们十分冲动、不知所措，从而做出不好的事情。

其实，情绪即是能量和状态。那么，如何管理自己的情绪以获得正面能量和良好的状态呢？

第一，感知自己的情绪并给它们命名

每个人每天都会产生各种情绪，这是一件正常的事情。想管理好情绪，第一步就是感知并认识它们。在电影《头脑特工队》里，小女孩莱利的大脑里就有5个小人，他们分别代表常见的5种情绪。乐乐代表快乐，忧忧代表难过，怒怒代表生气，厌厌代表讨厌，怕怕代表害怕。

我们也可以给自己的情绪起个名字。当它们来临的时候，我们就知道此刻自己处于什么样的情绪中。这很重要，只有知道自己在生气、难过、害怕等，我们才会有意识地做一些调整，从而避免出现坏的结果。

第二，接受自己会有情绪

无论自己出现什么样的情绪，无论这种情绪是不是自己想要的，都要学会接受它。例如，告诉自己：

“我知道现在我很生气。每个人都有生气的时候，这是一件正常的事情。所以我接受自己会生气，也相信自己可以很好地管理它。”这样做会让我们慢慢获得平静的方法和力量，从而不被情绪支配，避免在冲动下做出让自己后悔的事情。

第三，尝试用不同的方式应对情绪

在接纳情绪后，要尝试用不同的方式应对情绪，直至找到适合自己的方式。在上面的小故事中，凡凡在生气和难过的时候做出了和妈妈顶嘴、摔毛绒玩具的行为，但结果是什么呢？他又后悔又难过，并没有让自己真正好起来。这说明这样的应对方式并没有缓解他的负面情绪，不是好的选择。

在特别生气和难过的时候，可反复做深呼吸——慢慢吸气、慢慢呼气，调整自己的心情；可以通过运动发泄心中的怒气；可以躺在床上闭目养神，配合深呼吸放空大脑，缓解情绪；可以通过冥想、听音乐、阅读等方式，转移注意力，缓解情绪。这些方式都会让你的情绪得到缓解，让你慢慢好起来。

第四，观察、记录、总结应对情绪的方法

情绪的每一次出现都可以给我们提供认识和管理它的机会。通过观察、记录，你可以看到你在情绪背后的需求，以及你是采取何种方式应对的。通过分析和总结，你会更加清楚哪种应对方式最合适、最有效。

你可以尝试上面提到的几种方式，并将感受和效果记录下来。通过不断尝试、实践，你会拥有一张情绪管理清单，上面都是可助力你持续管理情绪的有效方式。当类似的情绪再次出现的时候，你第一时间就可知道如何应对，小清单由此将会发挥大作用。

最后，我要提醒大家，当我们认为的负面情绪出现的时候，务必选择适合自己的方法应对，而不是逃避、压抑。因为负面情绪积累多了、久了，可能会引发大问题。另外，遇到问题时，不要带着情绪去解决，

不要慌乱，不要冲动，要冷静思考、理智应对。

按照以上4点持续练习，你一定可以管理好自己的情绪。如果在这个过程中遇到自己无法解决的问题，要第一时间联系父母或自己信任的成年人寻求帮助！

第 24 课

如何成为一个自信的人

左左和右右是一对姐妹，左左比右右大 2 岁。在右右心目中，姐姐左左是一个非常优秀的人，学习成绩好，一直都是班里的前三名；画画好，在绘画比赛中经常获奖；演讲好，中文演讲和英文演讲都不错；人缘好，大家都喜欢她。

总之，在右右心里，左左什么都好，而自己差得很远，什么都一般般，没有特别突出的地方。大家似乎也是这么认为的，经常夸奖左左。右右总是提醒自己要向姐姐多学习。所以，不管遇到什么事情，右

开朗
阳光
自信

右总是习惯性地躲到左左身后，不主动表现，也不爱说话。

时间久了，右右越来越不自信。妈妈经常提醒右右要自信一些，可是右右并不知道怎么做才能让自己自信。

孩子，你想不想成为一个自信的人？为什么呢？你身边有没有特别自信的人，他们身上都有哪些特点呢？如果此时你脑海里出现了一些人和事，我相信你心里已经有了答案。以下 4 个小建议也许可以让你成为一个时时散发自信光芒的人！

第一，发现并记录自己身上的闪光点

每个人在这个世界上都是独一无二的存在，天生我材必有用，所以一定要相信自己。然而，我们往往更容易看到别人身上的优点，而放大自己身上的缺点。从今天开始，带着对自己的好奇心，在日常学习和生活中发现并记录自己身上的闪光点吧！可以先从自己做的每一件小事开始。比如，你的字写得很工整、很漂亮，可以记录：“我的字写得很工整、很漂亮！”比如，你能发现别人的优点并会称赞对方，可以记录：“我很细心，也很擅长称赞别人！”这是一个很棒的优点，会帮助你收获良好的关系。比如，你总能在别人需要的时候给予帮助，可以记录：“我乐于助人，我是一个善良的人！”如果能不断发现和记录自己身上的闪光点，我们的自信心也就慢慢建立起来了。

第二，打造硬本领，让自己变强大

发现自己越来越多的闪光点后，通过总结，你将会发现自己真正喜欢和擅长的事情都有什么，而这些都可以成为让你越来越自信的硬本领。就像上面故事里提到的，左左有很多擅长的事情，如绘画、演讲等，这些都是让她积极自信的硬本领。

每个人都可以通过刻意的练习拥有自己的硬本领，如唱歌、画画、书法、运动、围棋等特长，如与人沟通、带领团队协作、帮助父母做家务等能力。这些硬本领会带给你很多来自自我及他人的肯定和赞美，让你变得强大而自信。

第三，不断尝试，以获得成就感和价值感

通过以上 2 点，你对自己越来越了解，接下来就可以抓住各种机会不断尝试，勇敢地秀出自己，从而持续获得成就感和价值感。这样的尝试，可能是在家人面前的一次小小的演讲，可能是在老师和同学面前的一次发言，也可能是在陌生人面前的一次能力展示。当然，结果可能是成功后的喜悦，也可能是失败后的成长。总之，每一次尝试都会获得成就感和价值感，都会遇到有意思的人和事，都会获得难忘的经历。你会发现自己越来越优秀，这会让你变得越来越自信。

第四，不用过分在意别人的评价

在右右的故事中，我们可以看到身边人的评价也

是影响右右自信心的一个方面。我们的生活中有很多人，如父母、老师、同学、朋友等。我们总会听到很多声音，可能有赞扬、建议等，也可能有批评、抵毁等。记住，这都是别人的看法，是我们无法控制的，且不一定是对的，所以不用过分在意，更不要受其影响。

永远记住，最了解你的人是你自己。所以任何人说的话你都要进行简单的分析和判断。如果觉得有道理，你可以思考自己应如何调整。如果影响到自己的情绪，你可以不理会或找自己信任的人进行求助。此外，不要因此而得意忘形，也不要自暴自弃，这样才能保持稳定的心理和情绪状态。

你一定要相信自己可以成为一个自信的人。通过以上练习，你一定会成为自己喜欢的样子，成为一个时时散发着自信光芒的人。

第 25 课

遇到挫折和挑战，我该如何应对

今天的英语课上，尼克发了很大的脾气，甚至有些失控，不仅把练习册扔到了地上，还推了同学。事情的起因要从艾老师让大家做练习题说起。

按照艾老师的要求，大家需要根据最近学习的相关内容在 20 分钟内完成 2 页练习题。尼克英语学得不错，因而平时总有一些优越感。但他做了 5 分钟就有些沮丧地跟艾老师说题很难，自己做不出来。艾老师耐心地跟他说，还有十几分钟，他可以多看几遍题目，结合最近学习的相关内容再好好思考一下，慢慢做，别着急。

这时候，旁边有同学笑着说："练习题挺简单的呀！我都快完成第一页了，你好好想想就会做了。"尼克涨红了脸，烦躁地喊："我都看好几遍了，还是做不出来，这些题就是太难了！"那个同学看着尼克通红的脸怔了一下，没有再说话，但忍不住笑了几声。谁知，尼克突然把练习册扔到地上，并冲上前去推了一下那个同学："你笑什么笑，就你厉害是吧！"

艾老师立马上前制止尼克，并把他带到了办公室，让他冷静一下。随后在和尼克的交谈中，艾老师了解到尼克今天连续受了几次"打击"，先是数学测验没考好，然后是英语练习题做不出来，他由此觉得大家都要超过他了，所以压力很大，又沮丧又生气，冲动之下才做出了不理智的行为。

孩子，你在生活和学习中也遇到过考试发挥失常、成绩下滑、比赛失利等情况吧？这就是我们经常说的挫折或挑战，每个人都会遇到。这时，我们可以做些什么来应对呢？通过思考以下 4 个问题，你有可能轻松战胜挫折。

第一，最坏的结果是什么

当你遇到困难、挫折、问题、挑战等，或觉得自己备受打击的时候，可以问问自己这个问题。

比如，可以问问自己，数学测验没考好，最坏的结果是什么呢？同学的成绩超过你？会受到老师和家长的批评？会被同学嘲笑？也许，仅此而已。还会有什么结果呢？好像也没有什么其他更坏的结果了吧！

第二，即使遭遇不好的结果，那又怎样呢

接着，你可以问自己这样的问题：即使遭遇不好的结果，那又怎样呢？比如，同学的成绩超过了你又会怎样呢？挨批评了又会怎样呢？被同学嘲笑了又会怎样呢？等等。这些简单的问题背后其实是非常积极乐观的态度，可让你看到所谓挫折、挑战背后究竟是什么，又会产生怎样的影响，以及值不值得为此烦躁、生气等。

第三，挫折积极的一面是什么呢

这是一个可以让我们豁然开朗的问题。凡事都有积极的一面，如果你能看到这一点，更有助于应对挫折和挑战。比如：一次考试没考好，积极的一面是下次考试进步空间相对更大；某个练习题不会，积极的一面是有助于你对相关知识点查漏补缺；有同学嘲笑你，积极的一面是有助于你做更好的自己；等等。凡事只要能看到积极的一面，你就能获得动力和信心，从而便能变得更加强大。

第四，问问自己："我究竟可以做些什么呢？"

问完以上 3 个问题，你是不是迫不及待地想开始调整自己了呢？行动前先问问自己究竟可以做些什么吧！像尼克一样发脾气、摔东西、推同学可以解决问题吗？你肯定知道答案！这样做对于解决问题没有任何意义，反而会让自己被愤怒和冲动包围，从而在情绪变得更加糟糕的情况下做出更不好的行为。那你可以做些什么来应对挫折和挑战，从而有助于真正解决问题呢？若能用积极、乐观的态度理智地思考，你会发现解决问题的办法有很多，比如：仔细分析练习题并和老师沟通以制订学习计划；询问同学嘲笑你的原因，并告知他们你的感受；分析自己的优点和缺点，从而更好地调整自己；等等。由此，你会发现挫折和挑战可教会你很多，也会带给你更多的成长。

孩子，在漫长的人生中，我们会遇到各种挫折和困境。多问问自己以上 4 个问题，并记录答案，然后看看会发生什么神奇的变化吧！打败你的从来不是挫折和挑战，而是你面对它们时的态度和行动！放弃很容易，但坚持一定很酷！

第 26 课

如何培养和提升自尊感

小鹿在大家眼里是一个很棒的孩子，她今年上五年级，很独立、很自律，学习习惯很好，成绩也不错，而且性格乖巧、懂事。在外人眼里，她就是那种“别人家的孩子”。但她并不这么认为，她觉得自己不够高，有些胖，运动能力很差，还没有主见。当和别人意见相左的时候，她总是顺从别人，因为她觉得自己不够好，很多事情没有别人做得好。无论在学习上还是在生活上，她总是努力做好每件事，因为她想得到别人的夸赞，想证明自己没有那么糟糕。这让她总是感到焦虑和紧张。

大家眼里
自己心里
独立
自律
成绩好
乖巧
胖
运动差
不高
没主见
顺从

你有类似的情况吗？这是什么原因引起的，又该如何调整呢？

其实，小鹿的情况源于低自尊，这可能与成长环境和身边人对她的评价有关，也可能与她自小得到的爱、支持和鼓励有关。

自尊直接决定着一个人如何看待自己、评价自己，以及是否能接受、喜欢自己。莎士比亚曾说："没有自尊的人，即近于自卑。"健康的自尊感是一个孩子健康成长的重要基础，是身体、心理、行为、情绪健康的关键。所以，培养和提升自尊是一件非常重要的事。

那么，和小鹿有类似问题的孩子应该做些什么以进行有效的自我调整呢？

第一，不断地肯定和鼓励自己

就像前面提到的一样，一个人先要学会爱自己，才能学会爱别人，爱这个社会。所以不要抱怨、贬低、质疑自己，要尊重自己。反复对自己说的话慢慢会变成事实，所以要多用肯定的语言代替否定、消极的语言鼓励自己，比如“我一定可以做到！”“我是一个有价值的人，我可以做得更好！”“我想成为一个优秀的人”等等。可以每天记录夸赞自己的话，不断肯定和鼓励自己。在自己不断做得更好的过程中，自尊感和自信心也会随之提升。记住，我们无法控制和决定别人说什么，但我们可以调整自己的思想和行为！

第二，不讨好别人，不与他人比较

自尊感低的人会下意识地拿自己和他人做比较，并会习惯性地否定自己、讨好他人。想要有所改变，需要做一些练习和调整。一旦觉察到自己习惯性地进入对比和讨好模式，就要立马按下“暂停键”，提醒自己要专注于做最好的自己。很多时候，我们不需要证明给他人看，也不需要得到他人的肯定和夸赞，只要达成自己的目标就可以。要多用肯定的语言代替否定或消极的语言鼓励自己。当然，人无完人，接受自己的好和不好，收获成长就可以了。要肯定自己取得的每一次进步，自尊感在这个过程中会慢慢提升。

第三，培养兴趣爱好，给自己树立一些小目标

发现并培养自己的兴趣和爱好，做自己真正喜欢的事，会让自己充满力量、身心愉悦，会让自己的生活变得轻松有趣。体会跑步、打球、冥想等时的快乐，也可以提升自尊感。另外，可多给自己树立一些小目标，进而享受为达成目标全力以赴、奋力拼搏的过程，以及达成目标和实现自我成长时的成就感和价值感。这都会让你看到自己的优秀之处，从而更加尊重和相信自己。

第四，多和充满正能量的人在一起

在培养和提升自尊感的时候，一定要多和积极、

乐观、有正能量的人在一起。这样的人无论对他人还是自己都习惯持肯定、鼓励、包容的态度。在相互影响和支持下，你会更加积极向上，成长为更好的自己。这也是提升自尊感的有效方式。同时，远离经常抱怨、习惯否定自己和打击他人的人，以避免消耗自己的能量。

最后，还要提醒大家，自尊感是需要时间慢慢培养和提升的，但一切付出都值得。自尊感是健康、快乐、幸福的基础，也是与人和谐交往、提升社交能力的关键，会让我们受益一生。赶紧行动起来吧！

PART 5

如何做一个受欢迎的人

第 27 课

老师误会我了，我该怎么办

罗文今天觉得委屈极了，一肚子的苦水没处倒。下午放学前，提前完成当日任务的他兴致勃勃地去帮助姚老师打扫卫生，没想到因一场误会挨了顿批评。

事情是这样的，罗文提前完成当日任务后，便去帮姚老师打扫卫生。姚老师安排他给拖把桶装水。罗文很开心，因为这个工作可是需要力量的，这代表姚老师很信任他。于是，他满心欢喜地提着桶去了卫生间，接满水后又提着桶回教室。

罗文走到半路时，班里的小胖子马斌迎面跑过来想把桶抢走，但他抓提手的时候没抓稳，一下子把大半桶水洒在了走廊上。走廊顿时汪洋一片，拖把桶的提手也掉到了地上。马斌吓得掉头就跑，只留下罗文收拾现场。罗文拿来拖把把走廊上的水拖干净后，又提着桶接满水回了教室。

然而，不知是谁向姚老师打了小报告，说罗文把走廊弄得到处都是水。罗文一进教室就被姚老师批评了一顿。姚老师说他做事情毛手毛脚的，一点儿小事都做不好。

罗文心里十分委屈，嘟囔着嘴说这不是他干的，但他因为很着急并没有说清楚。姚老师说，事情是交给他的，他就要负责任。罗文便没再解释。他想，反正都已经挨批评了，多招一个人出来也不过就是多一个人挨批评。

无论如何，罗文心里都不是滋味，觉得特别委屈。晚上睡觉前，罗文跟爸爸说了这件事。爸爸有很多好点子，平时总是帮他出谋划策。这次他也想听听爸爸

的建议。

爸爸了解了事情的来龙去脉之后建议罗文第二天去找姚老师沟通一下，他们还商量好了沟通方式。之后，罗文觉得舒服多了。

罗文很是期待第二天的沟通，并把爸爸说的 3 个要点牢牢地记在了心里。

第一，承担自己应承担的责任

第二天课间，罗文单独找到了姚老师，并且很有礼貌地说："我能占用您几分钟时间吗？我想就昨天发生的事跟您道歉。我没有很好地完成您交给我的任务，还导致了一个小事故，对不起！"

见罗文十分真诚，姚老师接受了道歉，并说："没关系，下次注意就好了。"

之后，姚老师耐心地听完了罗文接下来说的话。

第二，平静地陈述事情发生的经过

罗文感谢了姚老师之后，又说道：“我从这件事中也学到了很多！遇事不能慌张，冷静应对才能处理好问题。昨天，如果马斌别那么着急地过来抢着帮我提水，就不会把水洒在地上。回到教室，我如果能冷静地跟您汇报事情的经过，以及我及时收拾现场以避免产生不良影响的行动，便可以减少一些误会，姚老师可能也不会那么生气。我学到了很多。我也和马斌沟通过了，下次我们一定可以做得更好！”

姚老师听完，表扬了罗文，还向罗文道了歉。

第三，表达感谢和期待

罗文再次对姚老师表达了感谢，并且表示自己以后会努力为班集体作更多贡献。接着，罗文又说，以后还要麻烦老师多多指导，他做得不对的时候也希望老师可以帮助他，具体告诉他如何改正。罗文说，很乐意调整自己，以便以后做得更好。姚老师高兴地表示没问题。

通过这次沟通，罗文既向姚老师说清楚了事情的原委，也赢得了姚老师的认可和好感，还和老师沟通了未来遭遇类似情况时的应对预案，以免再次发生误会。这样的沟通可以说是一举三得。你学会了吗?

第 28 课

有人来家里做客，我怎么才能当好小主人

小宇这几天可开心了，因为妈妈答应她可以邀请几个朋友来家里做客。她邀请的都是班里和她关系最好的朋友，有机会和他们在学校外一起玩，她真是太开心了！她想，还有一年多小学毕业，这样的机会以后可能不会太多了，所以要好好珍惜。

妈妈提了一个要求，那就是让小宇自己策划一下如何招待她的好朋友。当然，妈妈会尽力支持和配合她做好接待工作。究竟怎样才能做好一个小主人呢？小宇觉得自己要好好想一想。

待客清單

小宇原本以为，这简单呀，我们一起好好吃、好好玩就行了，肯定会特别开心的。但是想到细节的时候，她又觉得好像并没有那么简单。比如，吃什么、玩什么才能让朋友们开心，让家长们放心呢？一个小主人当然需要考虑得周到一些。于是，她很认真地开始做计划。

那么，遇到这样的情况，我们究竟应该如何通盘考虑呢？

第一，从大家的角度考虑和安排一切

每个人想的可能都不太一样，我们可以综合他们的想法尽力安排，当然也可以做一些特殊预案以备不时之需。比如，大家都喜欢吃甜食，但家长可能担心我们的牙齿以及外面买的食物不健康，那我们可以问问家人是否可以提前准备一些饼干、蛋挞之类的食物。再比如，食物种类的选择上要尽量丰富一些，以防有人有忌口的情况。除了吃，还有玩。可以设计一些好玩的活动招待朋友，比如打游戏、玩玩具、看动画片等。此外，小宇还列出了一些需要特别注意的情况，她记录得非常清楚。

第二，沟通聚会安排事项

对于这个工作，小宇是这么想的：大家还不知道我家住在哪里，我需要告知他们的爸爸妈妈。于是，她开始编辑沟通信息，先是很有礼貌地称呼——叔叔阿姨好，随后说明这是一次什么样的聚会、什么时间开始、预计什么时间结束，并把一些基本安排和自家地址写得清清楚楚，最后还留下了爸爸妈妈的手机号码，以便大家随时联系、沟通。

在让妈妈把信息发送给其他家长之前，小宇还让妈妈好好检查了一下。由于小宇写得很全面，妈妈基本没有修改和补充就把信息发送出去了，并且还表扬小宇想得十分周到。有了如此清晰的说明，相信所有收到信息的人都会明白该怎么配合，小宇这件事做得确实很不错！

第三，做足够全面的准备工作

小宇之后又用妈妈教的方法提前详细复盘了一下需要做的各项工作，并明确了谁什么时间做什么事。比如，打扫卫生这件事，小宇和妈妈要在聚会前一天下午完成；所有食材，妈妈要和小宇提前采购好；等等。

按照这3步准备下来，小宇感觉一切都安排得井然有序，真的有了一种当小主人的掌控感。她甚至有点不敢相信，原来自己可以做得这么好。事实证明，在小宇的精心准备下，这次和朋友的聚会举办得非常成功，和小宇预期的一样顺利和精彩，大家都玩得很开心。小宇获得了朋友和家长的一致好评，觉得收获很大。小宇想，自己也是有这种经验的人了，以后可以和父母一起把这种事做得更好。

读了小宇的故事，你学会如何做家里的小主人了吗？

第 29 课

去别人家做客，应注意些什么呢

下午放学后，妈妈接到了非常兴奋的元元。一见到妈妈，元元就迫不及待地向妈妈分享他的开心事，原来元元的同学大木邀请他周日去家里庆祝生日。第一次去同学家里做客，元元别提有多开心了！元元一路上都在讲他们商量好了到时候要吃什么、玩什么，怎么给大木过生日等。

说着说着，元元突然若有所思地问妈妈："大木过生日，我是不是要送礼物给他呀？还有，我去别人家里做客，应该注意些什么呢？"妈妈想，元元很少有机会到别人家里做客，每天就是家和学校两点一线奔波，正好可以利用这个机会学习一下做客之道。

“你自己先思考一下，你觉得有哪些需要注意呢？”妈妈让元元先想想看。

“我觉得首先要有礼貌，见到大木爸爸妈妈一定要先打招呼问好，玩什么也一定要先征得人家的同意，不要随便乱动人家家里的东西，要听大人的话。”元元一字一句地说。

妈妈点点头说：“你说得很对，有礼貌的孩子人人都喜欢！还有呢？”

“我想送大木一个生日礼物，毕竟他过生日嘛！我可以做个手工摆件送给他，还可以写张卡片表达我的祝福。另外，我可以用我的零花钱买点吃的带过去吗？我看电视里都是这么演的，到别人家里做客要带些小礼物，比如鲜花、零食等，以感谢人家的邀请。大家可以一起分享，一定会非常开心的！”

妈妈点头说道：“元元真是长大了，考虑得还挺周到呢！礼物不需要多么贵重，足以体现你的真诚和用

心就可以了。还有其他的注意事项吗？”

元元摇摇头说暂时想不到别的了，妈妈又问道：“那你知道大木或者他的爸爸妈妈有什么习惯、爱好或者不喜欢的事情吗？”

“大木不喜欢别人把他的东西弄得乱七八糟，特别喜欢收拾屋子，用完任何东西都会第一时间放回原位。他说他爸爸妈妈从小就要求他这么做。我去他家里时也要注意这一点，尽量不要把人家家里搞得乱七八糟，不管玩什么，玩完之后都要收拾好！”

“元元说得太对了！了解并尊重别人的习惯有助于持续友好地与其相处。另外，到别人家里时，在指定区域玩耍就好了。每个人都有隐私，不要私自去人家未带领你去的地方，如卧室、书房等地方。而且，离开的时候，尽量把弄乱的地方整理一下。这都是有礼貌和教养的表现。”妈妈补充说。

“谢谢妈妈提醒！我现在已经非常清楚了！”元元开心地说。

“哈哈，这些基本都是你自己想到的呀，你要谢谢自己，你是一个懂事、有礼貌的好孩子！”妈妈欣慰地说。

“还不是我妈妈教育得好，哈哈！”元元说完，他和妈妈两个人都笑了。

孩子，你觉得去别人家里做客应该注意些什么呢？我们总结一下元元和妈妈重点提到的 3 点吧！

第一，提前了解对方的习惯和喜好

去别人家做客，可以通过观察和询问先了解一下对方的习惯和喜好。比如，文中提到的大木家特别喜欢整洁。这样，我们就可以做到心中有数了。

第二，准备可表达心意的小礼物

礼物不在于多么贵重，足可以表达我们的真诚和用心就可以。这也是对对方的一种尊重，如果可以投其所好就更好了。你可以动手做一张卡片，或者一件手工品，只要能表达心意就好。

第三，做个有礼貌的孩子

人人都喜欢有礼貌的孩子。礼貌待人也是对他人的基本尊重。比如，见到对方要打招呼，被热情招待后要表达感谢，要尊重对方的生活方式和习惯，离开的时候要将使用过的物品收拾好，等等。这都会给对方留下好印象。

第 30 课

什么是礼仪，我应该学习哪些社交礼仪

莱利小学毕业后要去美国参加一个夏令营，心里别提有多激动了！最让她期待的就是有一个星期要寄宿在美国当地一个家庭，体验当地人的文化和生活，但这也是她比较担心的一点。她想，有什么需要特别注意吗？毕竟这是她第一次出国。她有个小小的心愿，那就是在入乡随俗的同时，尽量让当地人感受到中国学生讲文明、懂礼仪的精神风貌，这一点是非常重要的。所以在老师进行相关培训的时候，莱利特别认真地学习、记录。

中国文明礼仪

老师在培训课上讲道，文明礼仪不仅是个人素质的体现，也是个人道德的体现。我们在社会交际中应该用文明的行为和恰当的礼仪来待人接物。这也是弘扬民族文化、展示民族精神的重要途径。礼仪还是个个素养的重要表现形式，具有良好礼仪习惯的人会给他人留下好印象，与别人的关系更和谐、融洽。

莱利暗暗下定决心要做好这件事，不仅是为把最好的自己展示给外国友人，也可为自己即将开始的初中生活做好准备。经过学习和总结，她觉得以下几点最基本的礼仪规范是自己在日常生活中应努力做到的。

第一，注意个人卫生和精神面貌

人与人长相不同、肤色不同、穿衣风格不同，但良好的卫生习惯会赢得别人的好感这一点对所有人而言都是相通的，这也是礼仪的基本要求。日常生活中，勤洗澡、穿着整洁、早晚刷牙、勤洗脸、勤洗手等个人卫生习惯是应该保持的。如果整天蓬头垢面、穿着不干净等，势必会让人感觉不舒服。所以，做好个人卫生是我们应该遵守的最基础的礼仪规范。在此基础上，展示自己良好的精神面貌也很重要，自然得体的行为、亲和有礼的语言、充满善意的微笑等都会给人留下好印象。

第二，注意交流中的语言和动作

语言和动作也是礼仪规范中需要特别注意的内容。与人交谈时，要看着对方，以表示尊重；声音大小要合适；要根据对方的身份、年龄等选择合适的礼貌用语。比如，和年长的人交流，要用敬语“您”。日常生活中，“请”“谢谢”“对不起”等要常挂在嘴边。在身体语言层面，真诚的态度、得体的行为、站有站相、坐有坐相、见面和再见时都要与人打招呼、谦恭有礼等都会给人留下好印象。不理解、不赞同对方表达的意思时，也要用礼貌用语进行询问、讨论，直至达成共识。

第三，注重公共礼仪规范

在去特定公共场所之前，我们要先了解一下那里的行为规则和要求。比如，图书馆、博物馆等地方禁止大声喧哗，很多博物馆展厅禁止拍照，乘坐各种公共交通工具需要耐心排队，在公共场合要为老弱病残幼让座，等等。公共场所的礼仪规范一般都是有文字说明的，我们只要提前学习并且照着做就可以。

第四，尊重他人，尊重自己

人与人之间的相处应建立在互相尊重的基础上。社交中的我们应互相尊重，尝试了解和接受对方的优点与缺点，同时不卑不亢，展示自己的风采，这是文明的交往之道。当然，我们也要懂得尊重自己，这样才能赢得对方的尊重。

孩子，如果我们每个人都能学习和贯彻文明礼仪规范，我们的校园、我们的社会将会更加美好！

第31课

在公共场合我们应该注意些什么

期末考试结束了，又要放暑假了，大家都非常兴奋，又可以开开心心地玩了。小麦和其他同学一起讨论着各种假期计划。

这时候，李老师走进教室，说要开一个主题班会。李老师说：“大家假期都会出去玩，可能会去很多公共场合，那么大家知道如何遵守公共规范吗？”李老师边说边在黑板上写下“在公共场合我们应该注意些什么呢？”之后，让大家进行讨论。

同学们首先讨论的重点问题是——哪些地方是公共场合？一般来讲，公共场合指人群经常聚集、供公

公共场所
73
博物馆
商场
公园
饭店

众使用或人民大众活动的场合。例如，我们暑假外出旅行时去的各种旅游景点，以及日常生活中常去的博物馆、公园、商场、饭店等，都是公共场合。当然，我们的学校、教室、体育场等也是公共场合。

李老师在黑板上写下了同学们所说的公共场所，然后让同学们分小组进行讨论在不同的公共场合分别应该遵守的公共规范。大家纷纷发言，各抒己见。每一组都有一个小组长组织大家轮流发言，另有一个同学做记录。最后，各个小组进行汇总，并得出以下 5 条大家一致认可的公共场合的行为规则。

第一，不要在公共场合大声喧哗

一般公共场合都会有很多人，所以一定要保持安静。说话的时候，声音一定要尽量小，这样才不会影响别人，尤其是在博物馆、图书馆、自习室等地方。如果和家人或者朋友一起出行，也要提醒他们注意，人多的时候更容易出现无意识喧哗的情况。如果大家都能注意到这一点，就可以打造出安静有序的公共空间。身在其中，大家都会多一份惬意。

第二，不要在公共场合“横行霸道”

这里的“横行霸道”指有意或者无意的占道行为，这种情况还是挺常见的。比如，几个人手拉手或臂挽臂一起横排走，站在一起聊天的时候占满了街道，上下扶梯的时候占满楼梯，等等。这时候，想要经过的人就无路可走了。这会引起他人的不便和反感，所以需要特别注意。人多的时候，一定要注意自己周边的情况，及时做出调整，比如始终靠右行。与人方便，与己方便。

第三，不要在公共场合影响他人使用公共设备

很多公共场合都有桌子、椅子或其他设施供大众使用，任何人都不能霸占或者影响他人使用。例如，

乘坐公共交通工具的时候，坐下后随手在旁边位置上放置个人物品，影响其他人使用；在公园长时间占据某种健身器材；等等。我们要特别注意，要懂得分享，才会获得真正的快乐。

第四，不要在公共场合做危险的事情

出门在外，安全第一。在公共场合可能遇到人多拥挤的情况，尤其是在排队等候的时候，一定要注意秩序，以避免推搡甚至踩踏。

对于不了解的设备，也不要随便触碰，如一些场合的电动转门和有特殊功能的设备。

在外行走时，不要奔跑，要小心慢行。同时，要跟紧爸爸妈妈，避免因注意力不集中而出现走丢的情况。

当然，如果出现紧急情况，要记得及时求助。要记住爸爸妈妈的电话，必要的时候也可以向警察叔叔求助！

第五，不要违反公共场合的相关规定

一些公共场合有特殊规定。比如，有些博物馆不允许拍照，有些场合的物品或者设备禁止触碰，有些场合禁止饮食，有些场合对于着装也有要求（如不能穿过分暴露的衣服、拖鞋、睡衣等），等等。

务必提前了解清楚，然后遵守规定，文明出行。

第 32 课

我们为什么要做诚实守信的人

一天，军军妈妈进军军房间的时候发现他正在用手机，看到妈妈时军军明显有些紧张，马上说自己是在查资料。妈妈说要注意保护眼睛，然后就出去了。其实，妈妈心里是有所担心的，因为最近这种情况已经出现好几次了。妈妈心里有些想法，但还是选择相信军军。

直到找机会检查了军军手机的电池使用情况，妈妈才发现有问题，军军近期玩游戏和看视频的时间大幅增加，比约定的每天 30 分钟的时间翻了 3 ～ 4 倍，甚至还有半夜和凌晨使用手机的情况。妈妈感到非常意外，同时也很生气和担心。比起用手机超时问题，更让妈妈烦恼的是军军撒谎了。

妈妈想起，最近送军军去上学时，路上他会在车上小睡，问他原因时他说晚上睡得很好，但白天还是会犯困。另外，计划表上的一些任务，军军经常完不成，并说是因为作业太多、时间有点紧张。现在看来，一切都可以得到合理解释了。

军军每撒一个谎，紧接着就会撒更多谎来圆之前的谎。于是，妈妈决定从和军军讨论“我们为什么要做诚实守信的人”入手沟通一下这个问题。

为了避免争吵、批评、说教，妈妈做了很多准备工作，并调整了一下自己的情绪。妈妈想，毕竟军军已经上六年级了，相信他是可以很好地解决这个问题的。

于是，这天军军放学回家后，妈妈问军军最近有没有什么事情需要告诉妈妈，或者需要妈妈的帮助。军军犹豫了一下说没有。妈妈又说，出现任何问题都是可以沟通和解决的，但如果不诚实，甚至说谎，会

计划表

让事情变得严重，会让妈妈失望和难过。

军军开始有些慌乱，问妈妈是不是查看他的手机了。妈妈点点头说：“我之前跟你约定过，由于你是未成年人，作为你的监护人，妈妈可能会定期查看一下你的手机的使用情况。”

军军点点头说：“我最近玩手机比较多，没有遵守约定。我没有控制住自己。我每次玩完都十分内疚，因为怕被批评还一直撒谎。我也很痛苦！”说着军军就开始抽泣。

妈妈耐心地听军军说完，先安抚他的情绪，之后跟他一起讨论了诚实和守信的重要性。他们主要围绕以下几点展开沟通。

第一，诚实守信是人与人交往的基础

从某种意义上讲，诚实守信是我们获得信任、尊重、发展机会的基础。妈妈肯定愿意相信我们，给我们改过的机会，但其他人一旦发现我们不诚实，很有可能不会再信任我们。如此，关系也就不复存在了，后果可能是无法挽回的。“狼来了”的故事相信大家都听过，故事中的小男孩一次又一次撒谎换来的结果就是最后狼真的来了的时候没有人再相信他、帮助他。

第二，诚实守信是轻松、快乐的基础

我们每撒一次谎可能需要撒无数次谎来掩盖，同时会持续紧张、担心，这个过程自然是痛苦的。无论会不会被发现，我们都不会快乐。相信有过说谎经历的人都能理解，唯有诚实守信才能内心坦荡，一直轻松、快乐。

第三，诚实守信的人更容易获得成功

高尔基曾说：“诚实是人生永远最美好的品格。”诚立天下，信赢未来，唯有为人诚信，才容易收获真诚、宽容、帮助等，才容易与人建立长久稳定的关系，才容易获得成功。反之，如果养成不诚实的习惯，人生可能走向不受控制的方向，离成功越来越远。诚实守信的品德是从日常小事中慢慢培养起来的。

第四，诚实守信的人身体更健康

科学研究发现，说谎会引发身体的生理变化，也会引发很大的精神压力和不稳定的心理变化，时间长了会影响身体健康，而说实话的人会拥有更好的身体指标和坦然淡定的心态，从而拥有更强的能量，也将更加健康。

最后，我想强调一点，所谓善意的谎言也不十分推荐。每个人对善意的理解不同，接受程度也不同，甲之蜜糖很有可能是乙之砒霜。所以，做一个诚实守信的人，真实面对自己和他人很重要。但有一种情况例外，那就是不为坏人保守秘密，即便是迫不得已做出了某种承诺，如果对方有伤害你的行为，一定要告诉家长或老师。保护自己的人身安全才是最重要的，你记住了吗？

第 33 课

陌生人和我搭讪，我该如何应对

这天，11 岁的玲娜和妈妈一起逛商场。逛了 2 个多小时后，玲娜感觉肚子有些疼，身上也没有力气。妈妈推测她可能是午饭吃多了或吃坏了肚子，于是想带玲娜去看医生。在商场门口，妈妈看玲娜有点走不动了，由于车子停得比较远，就让玲娜在门口的凳子上休息一下，自己一个人去开车，然后再来接她。妈妈告诉玲娜她几分钟就回来了，让她坐着别动，然后就匆忙离开了。

玲娜刚刚坐下，旁边有一个阿姨走上前来问她卫生间在哪里。玲娜肚子不舒服的时候刚去过卫生间，就对阿姨说：“从那一直朝前走，在前面的分岔口右拐就能看到了。”

阿姨又问玲娜：“你怎么一个人坐在这里呀？我看你好像不太舒服，要不要一起去卫生间呀？我第一次来这个商场，刚才就迷路了。而且，我上了年纪，眼睛也不太好，你要是能跟我一起去就太好了！”

阿姨戴着黑色的帽子和口罩，玲娜想了一下，觉得有些不对劲儿，就很有礼貌地说：“卫生间很好找，走过去右拐就能看见。您肯定能找到，我就不去了。您看我爸爸过来接我了！”玲娜边说边指向远处走过来的一位男士。

听玲娜这么说，那个阿姨迅速起身说她去看看，之后马上就离开了。

看着匆忙离开的阿姨，玲娜觉得确实有些奇怪，看来自己刚才的推断还是有些道理的。玲娜灵机一动随便指了一个人说那是自己的爸爸，那个阿姨听完后居然赶紧离开了。

过了几分钟，妈妈回来后，玲娜把事情的经过讲了一下。妈妈先给玲娜点赞，夸她机智，随后又给商场物业部门打了电话进行反馈。

孩子，如果你是玲娜，你会怎么做呢？对于陌生人的搭讪，我们需要注意哪些情况呢？

第一，保持冷静，不要慌张

遇到陌生人的询问或求助，一定要保持冷静，不要慌张，同时要多观察和思考，不要轻举妄动。如果只是简单的搭讪，比如问路、日常寒暄等，那就礼貌回应，但应注意不要透露过多关于自己和家人的信息，如家庭住址、父母的情况、家庭财务状况等。如对方询问很多问题，或提出进一步的需求甚至无理的需求，要礼貌拒绝。不要轻信陌生人的话，也不要离开自己熟悉的环境。少说话，必要时可以撒谎。

面对陌生阿姨的要求，玲娜并没有带她去卫生间，还谎称爸爸来了。这是建立在冷静思考基础上的对自己的保护，值得我们学习。

第二，不吃、不要陌生人给的任何东西

所谓陌生人，就是我们并不认识或者熟悉的人，所以无论对方给任何食物都不要吃，对方给予其他的任何东西也不能要，如玩具等。天上掉下来的往往不是馅饼而是陷阱，不要有贪小便宜的心理。为了自己的人身安全，一定要提高警惕。

第三，随机应变，及时求助

被陌生人搭讪的时候，要随机应变，在保持警惕的同时要注意观察周围的环境，看周围是否有人、自己是否安全等。如需帮助，要好好想一下自己可以做些什么，可以像玲娜一样指向人群里的“爸爸”，可以大声呼喊吸引别人注意，还可以及时进入附近人多且安全的公共场所，然后想办法第一时间报警或者联系

爸爸妈妈求助。尤其在遇到危险情况的时候，更要随机应变，保护好自己。

第四，不替陌生人保守秘密

遇到陌生人和你搭讪的情况，一定要告诉爸爸妈妈或你信任的人，尤其在你困惑、担心、害怕的时候，或者对方说“千万不要告诉任何人”时。

记住，你可以不替陌生人保守秘密，否则有可能危及你的人身安全。

随着慢慢长大，你以后在日常生活中会遇到很多陌生人，多一分警惕可能让你避免很多麻烦，你记住了吗?